2024年度版

金融業務**3**級

事業承継
・**M&A**コース

試験問題集

一般社団法人 金融財政事情研究会

◇はじめに◇

　本書は、金融業務能力検定「金融業務3級　事業承継・M＆Aコース」試験受験者の学習の利便を図るためにまとめた試験問題集です。

　近年、中堅・中小企業では、経営者の高齢化が進むなか、後継者をどのように確保し、事業を円滑に承継していくかが大きな課題となっています。金融機関や公認会計士、税理士等にとって、経営者とともに考え、寄り添い、最善の道を探っていくことは、経営者からの信頼を得るために必須のコンサルティング業務といえます。

　中堅・中小企業の課題は、とりもなおさず地域経済、日本経済の課題にほかなりません。中堅・中小企業の経営者の信頼を得て事業承継を適切かつ円滑に進め、地域経済、日本経済の持続的成長を図るため、金融機関等のコンサルティング機能の強化・発揮が、いま強く求められています。

　「金融業務3級　事業承継・M＆Aコース」試験は、中堅・中小企業の事業承継・M＆Aに係るコンサルティングに最低限必要な知識の習得度を検証することを目的に実施されます。

　本書は、同試験の目的に則し、事業承継に関する基本的な知識や中堅・中小企業のM＆Aにおいて押さえておくべき基本事項を中心に構成しています。試験の出題範囲をすべて網羅しているわけではありませんが、試験で問われるであろう実務に必要な基礎知識を整理して掲載しています。

　皆様が、本書を有効に活用して「金融業務3級　事業承継・M＆Aコース」試験に合格され、「事業承継・M＆Aベーシック」認定者として活躍されることを期待しています。

2024年5月

一般社団法人　金融財政事情研究会
検定センター

◇◇目　次◇◇

第3章　社外承継（M&A）の実務

第4章　コンサルティングの実務

─〈凡例〉─

・中小企業における経営の承継の円滑化に関する法律…経営承継円滑化法

・私的独占の禁止及び公正取引の確保に関する法律…独占禁止法

・会社分割に伴う労働契約の承継等に関する法律…労働契約承継法

・特定債務等の調整の促進のための特定調停に関する法律：特定調停法

─〈法令基準日〉─

　本書は、問題文に特に指示のない限り、2024年7月1日（基準日）現在施行の法令等に基づいて編集しています。

〔企画協力：一般社団法人　Ｍ＆Ａ仲介協会〕

「金融業務３級　事業承継・Ｍ＆Ａコース」試験概要

中小企業の「事業承継・Ｍ＆Ａ」に係るコンサルティングに最低限必要な知識の習得度を検証します。

■受験日・受験予約	通年実施。受験者ご自身が予約した日時・テストセンター（https://cbt-s.com/testcenter/）で受験していただきます。 受験予約は受験希望日の３日前まで可能ですが、テストセンターにより予約可能な状況は異なります。
■試験の対象者	金融機関の若手から中堅の渉外・融資担当者、公認会計士・税理士等　※受験資格は特にありません
■試験の範囲	１．事業承継の事前準備等 ２．親族内・従業員承継の実務 ３．社外承継（Ｍ＆Ａ）の実務 ４．コンサルティングの実務
■試験時間	100分　試験開始前に操作方法等の案内があります。
■出題形式	四答択一50問
■合格基準	100点満点で60点以上
■受験手数料（税込）	5,500円
■法令基準日	問題文に特に指示のない限り、2024年７月１日現在施行の法令等に基づくものとします。
■合格発表	試験終了後、その場で合否に係るスコアレポートが手交されます。合格者は、試験日の翌日以降、「事業承継・Ｍ＆Ａベーシック」の認定証をマイページからPDF形式で出力できます。
■持込み品	携帯電話、筆記用具、計算機、参考書および六法等を含め、自席（パソコンブース）への私物の持込みは認められていません。テストセンターに設置されている鍵付きのロッカー等に保管していただきます。メモ用紙・筆記用具はテストセンターで貸し出されます。計算問題については、試験画面上に表示される電卓を利用することができます。

■注意事項　　　　　「金融業務3級　事業承継・M＆Aコース」の合格（事業承継・M＆Aベーシックの認定）は、「M＆Aシニアエキスパート養成スクール（認定講座）」「事業承継シニアエキスパート養成スクール（認定講座）」の受講資格、「事業承継・M＆Aシニアエキスパート協会（JME)」の会員資格とはなりません。

◇ CBT 試験とは◇

　CBT（Computer-Based Testing）とは、コンピュータを使用して実施する試験の総称で、パソコンに表示された試験問題にマウスやキーボードを使って解答します。金融業務能力検定は、一般社団法人金融財政事情研究会が、株式会社シー・ビー・ティ・ソリューションズの試験システムを利用して実施する試験です。CBT は、受験日時・テストセンター(受験会場）を受験者自らが指定できるとともに、試験終了後、その場で試験結果（合否）を知ることができるなどの特長があります。

本書に訂正等がある場合には、下記ウェブサイトに掲載いたします。
https://www.kinzai.jp/seigo/

第1章

事業承継の事前準備等

1-1　事業承継ガイドライン

《問》「事業承継ガイドライン［第3版］（2022年3月改訂）」（以下、「本
ガイドライン」という）に関する次の記述のうち、最も適切なもの
はどれか。

1）本ガイドラインでは、中小企業経営者や個人事業主等が円滑に事業
承継を行うことを目的として、4つの事業承継に向けたステップを
示している。

2）本ガイドラインで示す事業承継に向けたステップの「ステップ1：
事業承継に向けた準備の必要性の認識」では、早期・計画的な事業
承継への取組みは多忙な経営者にとっては後回しになりがちなた
め、国や自治体、支援機関が経営者に対して承継準備に取り組む
きっかけを提供することが重要であるとしている。

3）本ガイドラインで示す事業承継に向けたステップの「ステップ2：
経営状況・経営課題等の把握（見える化）」では、事業を後継者に
円滑に承継するためのプロセスは、経営状況や経営課題、経営資源
等を見える化し、現状を正確に把握することから始まるとしてお
り、現状を把握したうえで、将来の在りたい姿に向けて何をすべき
か戦略を策定するための方法の1つとして「価値創造デザインシー
ト」の活用が有効としている。

4）本ガイドラインで示す事業承継に向けたステップの「ステップ3：
事業承継に向けた経営改善（磨き上げ）」では、事業を承継する前
に経営改善を行い、後継者候補となる者が後を継ぎたくなるような
経営状態まで引き上げておくことや、魅力づくりが大切であり、現
経営者が自分自身の責任として本業の競争力強化をするべきとして
いる。

・解説と解答・

1）不適切である。事業承継の円滑化のためには、支援機関の協力を得なが
ら、早期にその準備に着手し、事業の10年後を見据えて着実に行動を重ね
ていく必要がある。本ガイドラインでは、中小企業経営者や個人事業主等
が円滑に事業承継を行うことを目的として、5つの事業承継に向けたス
テップを示している（「事業承継ガイドライン（2022年3月改訂）」）。

2 ）適切である。各支援機関では、事業承継に向けた準備状況の確認や次に行うべきことの提案等、事業承継に関する対話のきっかけとなる「事業承継診断」を活用し、経営者に対して事業承継に向けた準備のきっかけを提供する取組みがみられる（「事業承継ガイドライン（2022年3月改訂）」）。

3 ）不適切である。「ステップ2：経営状況・経営課題等の把握（見える化）」では、事業を後継者に円滑に承継するためのプロセスは、経営状況や経営課題、経営資源等を見える化し、現状を正確に把握することから始まるとしており、現状を把握したうえで、将来の在りたい姿に向けて何をすべきか戦略を策定するための方法の1つとして「経営デザインシート」の活用が有効としている（「事業承継ガイドライン（2022年3月改訂）」）。なお、「経営デザインシート」とは、2018年5月に内閣府の知的財産戦略本部が公表した、将来を構想するための思考補助ツールである。企業等が将来に向けて持続的に成長するために、将来の経営の基幹となる価値創造メカニズム（資源を組み合わせて企業理念に適合する価値を創造する一連の仕組み）をデザインして在りたい姿に移行するために「経営デザインシート」の活用が想定されている。

4 ）不適切である。「ステップ3：事業承継に向けた経営改善（磨き上げ）」では、事業を承継する前に経営改善を行い、後継者候補となる者が後を継ぎたくなるような経営状態まで引き上げておくことや、魅力づくりが大切であるとしている。ただし、本業の競争力強化については、現経営者が自分自身の責任としてすべてを抱え込んで行う必要はなく、現経営者と後継者候補が協力して本業の競争力強化に取り組むことで、経営革新を実現できることもあるとしている（「事業承継ガイドライン（2022年3月改訂）」）。

正解　2 ）

《図表》事業承継に向けて踏むべき5つのステップ

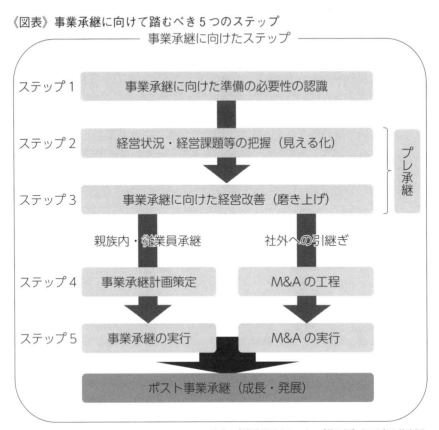

────── 事業承継に向けたステップ ──────

		プレ承継
ステップ1	事業承継に向けた準備の必要性の認識	
ステップ2	経営状況・経営課題等の把握（見える化）	
ステップ3	事業承継に向けた経営改善（磨き上げ）	

親族内・従業員承継 / 社外への引継ぎ

	親族内・従業員承継	社外への引継ぎ
ステップ4	事業承継計画策定	M&Aの工程
ステップ5	事業承継の実行	M&Aの実行

ポスト事業承継（成長・発展）

出典：事業承継ガイドライン［第3版］（2022年3月改訂）

1−2　中小M&Aガイドライン

《問》中小M&Aガイドライン〔第2版〕（2023年9月）（以下、「本ガイドライン」という）に関する次の記述のうち、最も不適切なものはどれか。なお、「中小M&A」とは、後継者不在の中小企業の事業を、M&Aの手法により、社外の第三者である後継者が引き継ぐことをいう。

1）中小M&Aは、譲渡企業の経営者がそれまでの努力により築き上げてきた事業価値を、社外の第三者である譲受企業が評価して認めることではじめて実現することであり、譲渡企業の経営者にとっては後ろめたいことではなく、むしろ誇らしいことであるといえる。

2）中小M&Aは、事業を社外の第三者に譲り渡して存続させることにより、従業員の職場を残して雇用の受け皿を守ることができる。

3）譲渡企業の経営者が中小M&Aを実行すべきかどうかについて支援機関へ相談する場合、自分にとってマイナスな情報や後ろめたい情報ほど先に伝えておくことにより、課題への対応策や解決方法等を支援機関とともに早期に検討しやすくなり、円滑な中小M&Aの実行に資することとなる。

4）全国48カ所の事業承継・引継ぎ支援センターと同センターの登録機関は、本ガイドラインの内容の遵守を義務付けられているほか、わが国のすべての金融機関もその遵守を義務付けられている。

・解説と解答・

　中小企業庁は、M&Aに関する意識、知識および経験がない後継者不在の中小企業の経営者の背中を押し、M&Aを適切なかたちで進めるための手引きを示すとともに、これを支援する関係者が、それぞれの特色や能力に応じて中小企業のM&Aをサポートするための基本的な事項を併せて示すため、事業引継ぎガイドラインを改訂するかたちで「中小M&Aガイドライン」を策定した。本ガイドラインは、第1章（後継者不在の中小企業向けの手引き）と第2章（支援機関向けの基本事項）から構成されている。

1）適切である。従来のM&Aは、譲渡企業にとっては「後ろめたい」「従業員に申し訳ない」、また譲受企業にとっては敵対的買収を行う「ハゲタカ」といったイメージであるといわれていたが、こうした中小M&Aに対

する否定的なイメージが肯定的に受け入れられる感覚が、中小企業の間に徐々に浸透してきているといわれている（「中小M&Aガイドライン」第1章Ⅰ-3（1））。

2）適切である。特に、地域の中核企業といわれる規模の企業であれば、後継者の不在により、何の対策も行うことなく廃業してしまうと、多くの従業員の雇用が失われ、地域のサプライチェーンにも大きな穴を生じさせるおそれがある。したがって、譲渡企業の経営者は、従業員や取引先等への影響を緩和するという観点からも、中小M&Aにより事業を存続させることの重要性を認識する必要がある（「中小M&Aガイドライン」第1章Ⅰ-3（2））。

3）適切である（「中小M&Aガイドライン」第1章Ⅱ-2（1））。

4）不適切である。全国48カ所の事業承継・引継ぎ支援センターと同センターの登録機関は、本ガイドラインの内容を遵守することが義務付けられているが、その他の中小M&A支援に関わる幅広い機関は、その内容の遵守が求められているにとどまる（経済産業省HP「「中小M&Aガイドライン」を策定しました」2.概要）。

正解　4）

1-3 情報の入手方法①

《問》事業承継の事前準備に有用となる情報の入手方法に関する次の記述
のうち、最も不適切なものはどれか。

1) 勘定科目明細には、会社の決算書等における各勘定科目の内訳が記
載されており、預貯金等の内訳書や減価償却資産の償却額の計算に
関する明細書等を確認することができる。

2) 貸借対照表には、会社の一定時期(決算期等)における資産や負
債、純資産の状態が示されており、会社の財務状況を確認すること
ができる。

3) 損益計算書には、会社の一定期間における収益と費用の状態が示さ
れており、会社の経営成績を確認することができる。

4) 法人税申告書である別表には、同族会社等の判定に関する明細書や
租税公課の納付状況等に関する明細書等があり、同族株主やその持
株数は別表二で確認することができる。

・解説と解答・

1) 不適切である。減価償却資産の償却額の計算に関する明細書は、勘定科目
明細ではなく、「別表十六(一)」「別表十六(二)」で確認できる。なお、
勘定科目明細には「預貯金等の内訳書」「貸付金及び受取利息の内訳書」
「有価証券の内訳書、出資金の内訳書」「固定資産の内訳書」「保険積立金
の内訳書」「借入金及び支払利子の内訳書」「役員報酬手当等及び人件費の
内訳書」「地代家賃等の内訳書」等がある。事業承継の観点では、例え
ば、「借入金及び支払利子の内訳書」で経営者(社長)個人からの借入金
があるかを確認する、「地代家賃等の内訳書」で経営者(社長)・会社間の
賃借関係を確認する等の対応が考えられる。

2) 適切である。貸借対照表には多くの科目の記載があり、事業承継の観点で
は、例えば、「自己株式」の科目があった場合、会社が自社株を取得して
いることを示しており、第三者に分散していた自社株を買い取っている
等、株主に変更が生じている可能性があること等を念頭に事業承継に取り
組むことが重要となる。

3) 適切である。事業承継の観点では、例えば「当期純利益」が積みあがって
いる会社は、内部留保が厚い可能性があり、ひいては自社株を評価する

8

際、その評価額が高くなることにつながること等に注意する必要がある。

4）適切である。別表二は、期末現在の発行済株式の総数または出資の総額や判定基準となる株主等と同族株主および同族関係株主との続柄、親族内における株式数または出資の金額等の記載があり、自社株を評価する際に重要となる項目が多く記載されている。なお、別表には、「所得の金額の計算に関する明細書」（別表四）、「利益積立金額及び資本金等の額の計算に関する明細書」（別表五（一））、「租税公課の納付状況等に関する明細書」（別表五（二））等がある。

正解　1）

1－4　情報の入手方法②

《問》事業承継の事前準備に有用となる情報の入手方法に関する次の記述のうち、最も不適切なものはどれか。

1）所得税の確定申告書とは、個人の所得に係る税金を支払うための書類であり、経営者（社長）個人の不動産収入等を確認することができ、適切な遺産分割対策や納税資金対策を講じるうえで重要な情報源となる。

2）商業登記簿謄本は、会社の商号や本店所在地、発行可能株式総数等が記載されており、公示を目的に一般に公開されているため、だれでも入手することができる。

3）不動産登記簿謄本は、不動産の権利関係等が記載されており、戸籍謄本等と同様、公示を目的としていないため、当該不動産の所有者のみが不動産登記簿謄本を入手することができる。

4）定款とは、事業の内容や役員数、機関設計等の会社の根本的な規則を記載した書面であり、事業承継の観点では、種類株式の活用の有無や株式の譲渡制限の有無等を確認することができる。

・解説と解答・

1）適切である。役員給与以外の経営者（社長）個人の収入（年金や不動産収入等）を把握することは、事業承継のみならず、経営者（社長）個人の資産承継を行う際にも重要な情報源となる。

2）適切である。商業登記簿謄本は、会社の商号、本店所在地、公告をする方法、会社の成立年月日、会社の目的、発行済株式総数ならびに種類および数、資本金の額、株式の譲渡制限に関する規定、役員に関する事項等を確認することができる。

3）不適切である。不動産登記簿謄本は、戸籍謄本と異なり、公示を目的として一般に公開されており、請求対象の土地または建物を管轄する登記所等に必要事項を記載した請求書を提出することで、だれでも入手することができる。なお、不動産登記簿謄本は表題部と権利部に分けられており、表題部には不動産番号や所在、地番、地目、地積等の物理的状況が記載されている。権利部は甲区と乙区に分けられており、甲区は所有権に関する事項が、乙区は所有権以外の地上権や地役権、質権、抵当権、賃借権等が記

　載されている。

4）適切である。定款の記載事項には、法律の規定によって必ず記載しなけれ
　ばならない絶対的記載事項（記載されていない場合は定款自体が無効）の
　ほか、法律の規定によって定款に記載しなければ効力を持たないとされる
　相対的記載事項、記載しなくても定款の効力には影響しない任意的記載事
　項がある。なお、株式会社の定款で記載しなければならない絶対的記載事
　項は、「目的」「商号」「本店の所在地」「設立に際して出資される財産の価
　額又はその最低額」「発起人の氏名又は名称及び住所」「発行可能株式総
　数」となっている（会社法27条、37条）。

正解　3）

1－5　事業承継の3類型

> 《問》事業承継の3類型の特徴等に関する次の記述のうち、最も不適切な
> ものはどれか。
> 1）「社外への引継ぎ（M＆A等）」の特徴として、広く外部から承継相
> 　手を選ぶことができる反面、売手と買手、双方の条件を満たす着地
> 　点を探ることが難しいという点が挙げられる。
> 2）「役員・従業員承継」の特徴として、承継対象となる役員・従業員
> 　に会社の株式を取得させる場合、相続により取得させることとなる
> 　ため、現経営者の相続対策が重要である点が挙げられる。
> 3）「親族内承継」の特徴として、後継者への株式の集中や後継者の育
> 　成教育等の検討のみならず、ほかの親族や相続人への配慮等にも注
> 　力しなければならないという点が挙げられる。
> 4）やむを得ず事業承継を断念する場合、債務超過に追い込まれて会社
> 　が倒産すること等がないよう、経営余力のあるうちに計画的に事業
> 　を終了する「円滑な廃業」を検討することが必要となる。

・解説と解答・

1）適切である。社外への引継ぎ（M＆A等）は、親族や社内に適任者がいな
　い場合でも、広く候補者を外部に求めることができ、また、現経営者は会
　社売却の利益を得ることができる等のメリットがある。社外への引継ぎを
　成功させるためには、本業の強化や内部統制（ガバナンス）の構築によ
　り、企業価値を十分に高めておく必要があることから、現経営者は、でき
　るだけ早期に専門家に相談を行い、企業価値の向上（磨き上げ）に着手す
　ることが望まれる。
2）不適切である。親族以外に承継する方法である役員・従業員承継は、経営
　者としての能力のある人材を見極めて承継することができること、社内で
　長期間働いてきた役員・従業員であれば経営方針等の一貫性を保ちやすい
　こと等のメリットがある一方、役員・従業員に会社の株式を取得させる場
　合、親族内承継のように相続により取得させることはできず、役員・従業
　員に株式を買い取ってもらうこととなる。この買取り時の資金力問題が大
　きな課題であるが、現在では、種類株式や持株会社、従業員持株会を活用
　するスキームの浸透や親族外の後継者も事業承継税制の対象に加えられて

おり、より実施しやすい環境が整いつつある。

3）適切である。親族内承継は、ほかの方法と比べて、一般的に内外の関係者から心情的に受け入れられやすいこと、後継者の早期決定により長期の準備期間の確保が可能であること、相続等により財産や株式を後継者に移転できるため所有と経営の一体的な承継が期待できるといったメリットがある。

4）適切である。やむを得ず事業承継を断念し、廃業を決断した場合には、円滑な廃業を実現するため、「財務状況の把握」「早期の債務整理（借入金の返済、債務整理手続きの活用等）」「廃業資金の確保」「取引先、金融機関、従業員への説明」等の取組を計画的に実施する必要がある。

<u>正解　2）</u>

1－6　事業承継計画の策定

《問》事業承継ガイドライン［第3版］（2022年3月改訂）における事業
承継計画の策定（親族内・従業員承継の場合）に関する次の記述の
うち、最も不適切なものはどれか。
1）事業承継計画の策定に際しては、成果物としての計画書の作成を最
大の目標にすべきであり、事業承継ガイドラインに収録されている
記入例と同様な項目の計画書を作成することが望ましい。
2）事業承継計画の策定に際しては、現在から将来に向かっての計画の
みを考えるのではなく、過去の事業状況・外部環境等も振り返るこ
とが有効である。
3）事業承継計画の策定に際しては、事業承継後に目標達成にコミット
する後継者とともに目標設定を行うことが望ましい。
4）事業承継計画の策定に際しては、取引先や従業員、金融機関等との
関係を念頭に置き、策定後は、これらの関係者と共有しておくこと
が望ましい。

・解説と解答・

事業承継計画の具体的な策定プロセスは、以下のとおりである。
① 自社の現状分析
② 今後の環境変化の予測と対応策・課題の検討
③ 事業承継の時期等を盛り込んだ事業の方向性の検討
④ 具体的な目標の設定
⑤ 円滑な事業承継に向けた課題の整理
1）不適切である。事業承継ガイドラインによれば、「事業承継計画の策定に
あたっては、成果物としての計画書を作成すること自体は最終的な目的で
はなく、現経営者と後継者が事業承継に向けて共通の目的意識のもと対話
しながら計画を策定するプロセスや、計画の活用による円滑な事業承継の
実現といった点にこそ、意味があるものである」としている。
2）適切である。
3）適切である。
4）適切である。

<u>正解　1）</u>

1－7　事業承継支援体制

《問》事業承継支援を行っているさまざまな機関に関する次の記述のうち、最も不適切なものはどれか。

1）これまで第三者承継支援を行っていた「事業引継ぎ支援センター」に、親族内承継支援を行っていた「事業承継ネットワーク」の機能を統合し、2021年4月に事業承継・引継ぎのワンストップ支援を行う「事業承継・引継ぎ支援センター」が活動開始した。

2）「中小企業基盤整備機構（中小機構）」は、経済産業省所管の独立行政法人で、国の中小企業政策の中核的な実施機関として、起業・創業期から成長期、成熟期に至るまで、企業の成長ステージに合わせた幅広い支援メニューを提供している。

3）「よろず支援拠点」は、中小企業・小規模事業者の経営に関する相談に対して専門的な見地からアドバイスを行うワンストップ相談窓口として、全国の市区町村に設置されている。

4）「全国中小企業団体中央会」は、会員数2万7,000を超える特別民間法人で、事業承継に関するセミナーの開催等を通じて、経営者への情報提供、後継者がいない中小企業への支援機関の紹介等を行っている。

・解説と解答・

1）適切である。

2）適切である。全国47都道府県に展開する事業承継・引継ぎ支援センターの全国本部として、円滑な事業承継・引継ぎの実施体制構築に向けた取組みをサポートしている。

3）不適切である。よろず支援拠点は、中小企業・小規模事業者の経営に関する相談に対して専門的な見地からアドバイスを行うワンストップ相談窓口として、2014年度に各都道府県に1拠点ずつ設置された。

4）適切である。現在の中央会の組織は、各都道府県に1つの中央会と、都道府県の中央会をとりまとめる全国中小企業団体中央会で構成されており、中小企業の約7割を組織しているわが国最大の中小企業団体である。

正解　3）

1－8　事業承継に係る金融支援措置

> 《問》　事業承継に係る金融支援措置に関する次の記述のうち、最も不適
> 切なものはどれか。
> 1）　経営承継円滑化法では、内閣総理大臣の認定を受けた中小企業者に
> 　　対して、一定の金融支援措置を講じている。
> 2）　中小企業信用保険法では、一定の中小企業者の事業に必要な資金に
> 　　ついて、同法に規定されている普通保険、無担保保険、特別小口保
> 　　険の付保限度額が別枠化される特例がある。
> 3）　一定の中小企業者の後継者である代表者個人が必要とする資金で
> 　　あって、当該中小企業者の事業承継に際しての事業活動の継続に必
> 　　要なものについて、日本政策金融公庫および沖縄振興開発金融公庫
> 　　から、特別利率で融資を受けることができる特例がある。
> 4）　株式を上場している会社は、金融支援措置の対象外である。

・解説と解答・

1）　不適切である。経営承継円滑化法では、都道府県知事の認定を受けた中小
　　企業者に対して、一定の金融支援措置を講じている（同法12条1項、同法
　　施行令2条）。
2）　適切である。普通保険（限度額2億円）、無担保保険（限度額8,000万円）、
　　特別小口保険（限度額2,000万円）の付保限度額が別枠化される「中小企
　　業信用保険法の特例」の説明である。本特例により、信用保証協会の債務
　　保証も実質的に別枠化されるため、中小企業者が当該債務保証を受けるこ
　　とで金融機関からの資金調達が行いやすくなる（経営承継円滑化法13条、
　　中小企業信用保険法3条1項、3条の2第1項、3条の3第1項）。
3）　適切である。日本政策金融公庫法および沖縄振興開発金融公庫法の特例に
　　より、後継者である代表者個人が事業承継の際に必要となる資金の融資を
　　直接受けることが可能となった（経営承継円滑化法14条、同法施行規則15
　　条）。
4）　適切である。①株式を上場または店頭登録していない会社、②代表者（代
　　表者であった者を含む）の死亡または退任に起因する経営の承継に伴い生
　　じる一定の事由により、事業活動の継続に支障が生じていると認められる
　　会社が対象である（経営承継円滑化法12条1項）。　　　　　　正解　1）

1－9 ローカルベンチマーク財務指標／売上増加率

《問》売上増加率に関する次の記述のうち、経済産業省が示すローカルベンチマークに照らし、最も適切なものはどれか。
1）売上増加率は、「前期売上高÷当期売上高－1」により算出する。
2）売上増加率は、企業の安全性を示す指標である。
3）売上増加率をみる場合は、直近期の比較だけでみる必要がある。
4）売上増加率をみる場合は、対象企業だけでなく、業界基準値と比較する必要がある。

・解説と解答・

1）不適切である。売上増加率は、「当期売上高÷前期売上高－1」により算出する。
2）不適切である。売上増加率は企業の売上持続性を示す指標であり、安全性を示す指標ではない。
3）不適切である。売上増加率をみる場合、直近期の比較だけではなく、3～5年の推移で比較する必要がある。
4）適切である。売上増加率をみる場合は、対象企業の属する業界基準値と比較し、その企業の売上持続性を分析する必要がある。

正解　4）

1－10　ローカルベンチマーク財務指標／営業利益率

《問》営業利益率に関する次の記述のうち、経済産業省が示すローカルベンチマークに照らし、最も適切なものはどれか。
1）営業利益率は、「売上高÷営業利益」により算出する。
2）営業利益率は、企業の生産性を示す指標である。
3）営業利益率は、企業の資金効率を示す指標である。
4）営業利益率をみる場合は、対象企業だけでなく、業界基準値と比較する必要がある。

・解説と解答・

1）不適切である。営業利益率は、「営業利益÷売上高」により算出する。
2）不適切である。営業利益率は、企業の収益性を示す指標であり、生産性を示す指標ではない。
3）不適切である。営業利益率は、企業の収益性を示す指標であり、資金効率を示す指標ではない。
4）適切である。営業利益率をみる場合は、対象企業の属する業界基準値と比較し、その企業の収益性を分析する必要がある。

<u>正解　4）</u>

1－11　ローカルベンチマーク財務指標／労働生産性

《問》労働生産性に関する次の記述のうち、経済産業省が示すローカルベンチマークに照らし、最も適切なものはどれか。
1）労働生産性は、「人件費÷売上高」により算出する。
2）労働生産性は、「人件費÷総労働時間」により算出する。
3）労働生産性は、「営業利益÷総労働時間」により算出する。
4）労働生産性は、成長力や競争力等を評価する指標である。

・解説と解答・

1）不適切である。労働生産性は、「営業利益÷従業員数」により算出する。
2）不適切である。肢1）の解説参照。
3）不適切である。肢1）の解説参照。
4）適切である。労働生産性を分析することで企業の成長力や競争力を評価することができる。また、キャッシュフローを生み出す収益性の背景となる要因として考えることもできる。

正解　4）

1-12　ローカルベンチマーク財務指標／EBITDA有利子負債倍率

《問》EBITDA有利子負債倍率に関する次の記述のうち、経済産業省が示すローカルベンチマークに照らし、最も適切なものはどれか。
1）EBITDA有利子負債倍率は、有利子負債が営業利益の何倍かを示す指標である。
2）EBITDA有利子負債倍率は、「借入金÷（営業利益＋減価償却費）」により算出する。
3）EBITDA有利子負債倍率は、有利子負債の返済能力を示す指標の1つである。
4）EBITDA有利子負債倍率は、企業の収益性を示す指標である。

・解説と解答・

1）不適切である。EBITDA有利子負債倍率は、有利子負債がキャッシュフローの何倍かを示す指標である。
2）不適切である。EBITDA有利子負債倍率は、「（借入金－現預金）÷（営業利益＋減価償却費）」により算出する。
3）適切である。EBITDA有利子負債倍率は、有利子負債の返済能力を示す指標の1つであり、有利子負債を何年で返済できるかを表している。
4）不適切である。EBITDA有利子負債倍率は、企業の健全性を示す指標である。

正解　3）

1－13　ローカルベンチマーク財務指標／営業運転資本回転期間

《問》営業運転資本回転期間に関する次の記述のうち、経済産業省が示す
ローカルベンチマークに照らし、最も適切なものはどれか。
1）営業運転資本回転期間は、数値が高いほど、効率よく売上をあげられ
ていることを示している。
2）営業運転資本回転期間は、「（売上債権＋棚卸資産－買入債務）÷月
仕入高」により算出する。
3）営業運転資本回転期間は、過去の値と比較することで、売上増減と
比べた運転資本の増減を計測し、回収や支払等の取引条件の変化に
よる必要運転資金の増減を把握するための指標である。
4）営業運転資本回転期間は、自社の資金効率を測る指標なので、業界
基準値と比べる必要はない。

・解説と解答・

1）不適切である。営業運転資本回転期間は、数値が低いほど、少ない資本で
効率よく売上をあげられていることを示している。
2）不適切である。営業運転資本回転期間は、「（売上債権＋棚卸資産－買入債
務）÷月商」により算出する。
3）適切である。
4）不適切である。営業運転資本回転期間は業界の特徴が出やすい。例えば、
現金化のスピードが比較的早い小売業と遅い建設業では、営業運転資本回
転期間の数値は違ってくる。自社と業界基準値を比較することで自社の良
し悪しを分析できる。

<u>正解　3）</u>

1－14　ローカルベンチマーク財務指標／自己資本比率

《問》自己資本比率に関する次の記述のうち、経済産業省が示すローカル
ベンチマークに照らし、最も適切なものはどれか。
1 ）自己資本比率は、数値が高いほど、企業の安全性が高いことを示し
ている。
2 ）自己資本比率は、「自己資本－有利子負債」により算出され、プラ
ス値となれば企業の安全性が高いことを示している。
3 ）自己資本比率は、収益性分析の最も基本的な指標の1つである。
4 ）自己資本比率は、売上高が増加すれば数値は改善する。

・解説と解答・

1 ）適切である。自己資本比率は、数値が高いほど、総資本に占める自己資本
の割合が高いことを示しており、安全性が高いことを示している。
2 ）不適切である。自己資本比率は、「純資産÷総資産」により算出する。
3 ）不適切である。自己資本比率は、総資産のうち、返済義務のない自己資本
が占める比率を示す指標であり、安全性分析の最も基本的な指標の1つで
ある。
4 ）不適切である。自己資本比率を改善するためには、自己資本を増加させる
必要がある。自己資本の増加はキャッシュフローの改善につながる。

正解　1 ）

1－15　ローカルベンチマーク非財務指標

《問》経済産業省が示すローカルベンチマークにおける非財務指標に関する次の記述のうち、最も不適切なものはどれか。

1）地域企業は、経営者の影響力が大きく、経営者の優劣が企業の優劣を左右する面が強いため、経営者との対話に際して、まずは「経営者」自身について知ることが重要である。

2）経営者との対話に際しては、企業のビジネスモデルを理解するとともに、事業の強みと課題がどこにあるのかを把握することが重要である。

3）地域企業は、経営者の個人資産の多寡がその企業の信用力に大きく影響する場合が少なくないため、個人資産の評価という視点を特に重視すべきである。

4）地域企業は、依然として同族企業等による属人的な経営が多いことから、どの程度内部管理体制が整っているかという視点が重要である。

・解説と解答・

1）適切である。「経営者」への着目についての説明である。事業の持続性を推し量る観点から、例えば、経営者が高齢の場合は事業承継の方針を確認すること等も重要である。

2）適切である。「事業」への着目についての説明である。企業の事業が何で収益を上げているのか、それをどのような仕組みで実現しているのかを把握することが重要である。例えば、事業へ着目する第一歩として、「商流」を把握し、図示することで経営者との活発な対話が生まれ、事業内容を深堀すること等が期待できる。また、製品や商品1つ当たりの原価をきちんと把握できているかといったことも重要である。

3）不適切である。経営支援を行ううえで、経営者の個人資産を把握することも必要な要素ではあるが、特に重視すべき視点ではない。経済産業省が示すローカルベンチマークにおける非財務指標では、個人資産ではなく、「企業を取り巻く環境・関係者」に着目すべきであるとされている。企業を取り巻く市場環境を把握するとともに、販売先や取引先企業からの評価という視点も重要である。また、企業経営において必要不可欠である従業

員に関する項目については、業界・地域内の平均と比較することで、企業の実態がみえてくる。さらに、取引金融機関の数と推移をみることで、企業に対する金融機関のスタンスや企業とメインバンクとの関係等を推し量ることができる。そのような観点から、金融機関との対話の頻度や内容（企業の経営課題・将来性等）も重要な視点といえる。

4）適切である。「内部管理体制」への着目についての説明である。これは、企業全体の方向性が揃っているかをみるため、経営目標が社内で共有されているかを確認する意味合いも大きい。内部管理体制を把握する際、会議の質（議題内容、経営目標について議論されているか、経営者以外の重要人物の有無等）をみることも有効である。そして、事業の推進に必要な人材が配置されているか、必要な人材を育成するシステムが構築されているかという点も地域企業にとっては課題であり、着目する必要がある。さらに、ほかの非財務項目のヒアリングにおいて違和感がある場合は、係争の有無やコンプライアンス上の問題がないかを調べることもあり得る。

正解　3）

1 - 16 経営者保証に関するガイドライン

《問》経営者保証に関するガイドライン（以下、「本ガイドライン」という）に関する次の記述のうち、最も不適切なものはどれか。

1）主たる債務者である法人が、経営者保証を提供せずに資金調達を希望する場合は、法人の業務、経理、資産所得等に関し、法人と経営者の関係を明確に区分・分離することが求められている。

2）経営者たる保証人が早期に事業再生等を決断した場合、安定した事業継続等のために必要な一定期間の生計費に相当する額や華美でない自宅等を、当該経営者たる保証人の残存資産に含めることを、金融機関等の債権者は検討しなければならない。

3）やむを得ず経営者と保証契約を締結する場合、金融機関等の債権者は、保証履行時の履行請求は、一律に保証金額全額に対して行うものではなく、保証履行時の保証人の資産状況等を勘案したうえで履行の範囲が定められることを説明する必要がある。

4）本ガイドラインは、経営者保証における合理的な保証契約のあり方等を示すとともに、主たる債務の整理局面における保証債務の整理を公正かつ迅速に行うための準則であり、法的拘束力を有す。

・解説と解答・

「経営者保証に関するガイドライン」は、中小企業の経営者保証に関する契約時および履行時等における中小企業、経営者および金融機関による対応についての中小企業団体および金融機関団体共通の自主的自律的な準則として2013年12月に策定された。また、経営者保証が事業承継の阻害要因とならないよう、原則として、先代経営者、後継者の双方からの保証の二重徴求を行わないことなどを盛り込んだ「事業承継時に焦点を当てた「経営者保証に関するガイドライン」の特則」が2019年12月に策定された。

1）適切である（「経営者保証に関するガイドライン」4 - （1）-①）。

2）適切である（「経営者保証に関するガイドライン」7 - （3）-③）。

3）適切である（「経営者保証に関するガイドライン」5 - （1））。

4）不適切である。経営者保証に関するガイドラインは中小企業団体および金融機関団体の関係者が中立公平な学識経験者、専門家等とともに協議を重ねて策定したものであるが、法的拘束力はない。しかし、主たる債務者、

保証人および金融機関等の債権者によって、自発的に尊重、遵守されることが期待されている（「経営者保証に関するガイドライン」1、2 -（1））。

正解　4）

1−17 過剰債務の整理／法的整理

《問》法的整理に関する次の記述のうち、最も不適切なものはどれか。
1）一般に、法的整理とは、民事再生手続と会社更生手続の2種類のみ
  をさす。
2）民事再生手続は、利用しやすい反面、会社更生手続と比べて2次破
  綻リスクが相対的に高い。
3）法的整理は法的手続をしていることが公になるため、「倒産」のイ
  メージが先行し、その後の事業継続に影響を及ぼす場合がある。
4）DIP型の再生手続は、従前の経営陣が事業継続および再生手続を行
  うが、管理型の再生手続は、経営陣は更迭され、管財人がすべての
  手続を行う。

・解説と解答・

1）不適切である。法的整理には、破産手続、民事再生手続、会社更生手続お
  よび特別清算手続等の手法がある。
2）適切である。なお、会社更生手続は手続が煩雑である反面、いったん手続
  が開始されれば、再建可能性を含めて手続に対する信頼感は強いという特
  長がある。
3）適切である。民事再生手続や会社更生手続を行う企業には「倒産」のイ
  メージがつきまとうため、取引先等が法的整理後に取引をやめ、事業の継
  続に影響を及ぼすことが少なくない。
4）適切である。民事再生手続は原則としてDIP型、会社更生手続は原則とし
  て管理型で行われる。また、一般に、管理型の民事再生手続やDIP型の会
  社更生手続は例外として行われる運用である。なお、破産手続は管理型で
  あり、特別清算手続はDIP型である。

正解　1）

1－18　過剰債務の整理／私的整理

《問》私的整理に関する次の記述のうち、最も適切なものはどれか。
1 ）一般に、私的整理とは、私的整理ガイドライン手続、中小企業活性化協議会の支援手続の2種類をさす。
2 ）私的整理手続では、最も債権金額の大きい債権者と個別に話し合い、合意をすれば再生が可能である。
3 ）私的整理手続は、一般に、手続等が公表されず、風評被害等を防止することができるため事業価値の棄損を抑制することができる。
4 ）私的整理手続にかかる費用としては、手続の利用に関する費用や債務者側のアドバイザー（弁護士、公認会計士等）費用があり、法的再生手続と比較して高額になる傾向がある。

・解説と解答・

1 ）不適切である。私的整理の手続としては、一般に、事業再生ADR、地域経済活性化支援機構（REVIC）の支援手続、中小企業活性化協議会の支援手続、整理回収機構（RCC）の支援手続および私的整理ガイドライン手続等の手法がある。
2 ）不適切である。私的整理手続は、一部の債権者の合意のみならず、対象となる金融債権者全員の合意に基づき行われる。
3 ）適切である。
4 ）不適切である。私的整理手続にかかる費用としては、手続の利用に関する費用や債務者側のアドバイザー（弁護士、公認会計士等）費用があるが、補助制度等があり負担を軽くすることができるため、一般に、法的再生手続における予納金よりも低廉な費用で手続を進めることができる。

正解　3 ）

1－19　過剰債務の整理／債務免除

《問》債務免除に関する次の記述のうち、最も不適切なものはどれか。
1）法人税法上、債務免除を受けた債務者（法人）は、原則として、当該債務免除額を債務免除益として計上し、益金に算入する必要がある。
2）法人税法上、債権放棄（債務免除）を行った債権者（法人）は、原則として、損失が発生したとみなされ、当該損失額を貸倒損失として計上し、税法上の損金としなければならない。
3）債務免除をするためには、債権者から債務者へ債務を免除することを意思表示する必要がある。
4）債務免除をした場合、債権者は債権放棄をすることとなり、将来にわたって当該債権を回収することができなくなる。

・解説と解答・

1）適切である。この場合、債務免除を受けた法人に繰越欠損金を上回る益金が発生した場合は、法人税が課されることになるため注意が必要である。
2）不適切である。債権者（法人）が債権放棄を行った場合は、原則として寄附金課税の対象となる（法人税法37条）。ただし、債務者の債務超過の状態が相当期間継続し、その金銭債権の弁済を受けることができないと認められる場合には、当該債務者に対し書面により明らかにされた債務免除額は、貸倒損失として損金の額に算入することができる（法人税法基本通達9－6－1）。また、債務超過の状態にない場合でも、業績不振の子会社等の倒産を防止するためにやむを得ず行われるもので、合理的な再建計画に基づくものであるといった、その債権放棄につき相当の理由があると認められるときは、寄附金課税はなされない（同法基本通達9－4－1、2）。
3）適切である（民法519条）。
4）適切である。債権放棄をした後は、債権者は債務者から債権を回収することができなくなるので、判断は慎重に行う必要がある（民法519条）。

正解　2）

1−20 廃業支援／通常清算

《問》通常清算に関する次の記述のうち、最も不適切なものはどれか。
1）通常清算を行う場合は、まず会社を解散させる必要がある。
2）会社が解散した際の清算人の選定は、あらかじめ定款に定めておく
か、株主総会において決定するが、これらの方法で清算人を定めな
い場合は、解散時の取締役が清算人となる。
3）清算会社は清算開始後、遅滞なく、債権者に会社の解散を知らせ、
一定の期間内に当該清算会社に対して有する債権を申し出るべき旨
を官報に公告をする必要があり、当該申出期間は少なくとも2カ月
を下らない期間が必要である。
4）通常清算を行った株式会社は、残余財産分配後、株主総会で決算報
告が承認されたら、当該承認の日から1カ月以内に清算結了の登記
をしなければならない。

・解説と解答・

1）適切である（会社法475条）。債務超過でない状態で、経営者の事情等によ
り会社を解散させる場合は、通常清算の手続をとる（同法510条）。
2）適切である。清算人とは、法人等が解散して清算する際に、清算事務を執
行する者をいう（会社法478条1項）。
3）適切である。会社を清算させるために、解散時点での債権および債務を確
定させる必要があるため、一定期間を設けて債権者に当該清算会社に対し
て有する債権について申し出てもらうことになるが、当該申出期間は2カ
月を下らない期間とされている（会社法475条、499条）。
4）不適切である。清算株式会社は、株主総会で決算報告が承認された日から
2週間以内に清算結了の登記をしなければならない（会社法507条、929
条）。

正解 4）

1－21　廃業支援／特別清算

《問》特別清算に関する次の記述のうち、最も不適切なものはどれか。
1）特別清算を行うことができるのは、株式会社のみである。
2）特別清算を行うためには、清算の遂行に著しい支障をきたすべき事情がある場合または債務超過の疑いがある場合のいずれかの要件を満たさなければならない。
3）特別清算を行うためには、債権者集会を開いて債権者の同意を得る必要があり、出席した債権者の過半数の同意および債権総額の3分の2以上を有する債権者の同意を得る必要がある。
4）特別清算では、裁判所が選任する管財人が会社の資産の処分を行う。

・解説と解答・

1）適切である（会社法476条、510条、511条）。特別清算は株式会社しか利用することができない。
2）適切である（会社法510条1号、2号）。なお、債権者の同意を得られない場合は、特別清算手続から破産手続へと切り替える必要がある。
3）適切である（会社法515条3項、563条、564条、567条1項）。
4）不適切である。特別清算では特別清算人が会社の資産の処分を行う。第三者である管財人が資産処分を行うのは破産手続である。特別清算では会社側の特別清算人が資産処分に関与できるため、一定の主導権が得られる（会社法478条、481条、482条）。

<u>正解　4）</u>

1－22　廃業支援／特定調停

《問》特定調停の手続に関する次の記述のうち、最も不適切なものはどれ
か。
1）特定調停の申立ては、債務者が債権者の所在地の区域を受け持つ地
方裁判所に対して行う。
2）特定調停は、特定調停申立書、財産の状況を示すべき明細書、その
他特定債務者であることを明らかにする資料および関係権利者一覧
表等の書類を作成し、申立手数料（収入印紙）および手続費用（予
納郵便切手）と併せて、裁判所に提出することで申立てを行う。
3）特定調停の申立てがあった場合、裁判所は、申立人（債務者）から
事情を聴取する事情聴取期日を開き、その後に相手方（債権者）と
債務額の確定や返済方法を調整する調整期日を開いて、公正かつ妥
当な返済方法等の調整を行う。
4）特定調停において、申立人（債務者）と相手方（債権者）との間で
合意が成立し、これを調書に記載したときは、特定調停が成立した
ものとし、その記載は裁判上の和解と同一の効力を有する。

・解説と解答・

1）不適切である。特定調停の申立ては、債務者が債権者の所在地の区域を受
け持つ簡易裁判所に対して行う。なお、複数の相手方（債権者）に対し申
立てをする場合は、1つの簡易裁判所にすべての相手方の住所等がないと
きでも、いずれかの相手方の住所等の区域を受け持つ簡易裁判所におい
て、すべての事件を関連事件として取り扱うことがある。
2）適切である。特定調停の申立てには以下の書類が必要となる（東京簡易裁
判所の場合）。
・特定調停申立書……2部（正本・副本）※相手方が複数ある場合は、相
手方ごとにそれぞれ2部ずつ
・財産の状況を示すべき明細書、その他特定債務者であることを明らかに
する資料……1部
・関係権利者一覧表……1部
・申立手数料（収入印紙）
・手続費用（予納郵便切手）

・資格証明書……1 部

3）適切である。事情聴取期日には、申立人（債務者）だけが裁判所に行き、調停委員が申立人から生活状況や収入、今後の返済方法等について聴取する。一方、調整期日には相手方（債権者）も裁判所に行き、返済方法等を調整する。調停委員は、相手方から提出を受けた契約書写しや債権額計算書をもとに、申立人との総債務額を確定し、申立人が返済可能な弁済計画案を立てて、申立人と相手方の意見を聴いたうえで、公正かつ妥当な返済方法の調整を行う。

4）適切である（特定調停法22条、民事調停法16条）。調整の結果、合意に達した場合は、調停成立により手続は終了し、その後は合意した内容どおりに返済することになる。双方の折合いがつかないときは、合意ができないまま特定調停手続は終了する。なお、特定調停手続は、通常、申立てから約2カ月程度ですべての手続が終了する。

正解　1）

1－23　廃業支援／破産

> 《問》破産手続に関する次の記述のうち、最も不適切なものはどれか。
> 1）破産の申立ては、債務者の所在地にある簡易裁判所に対して行う。
> 2）破産手続とは、申立てを行った後、裁判所が破産手続の開始を決定し、破産管財人を選任して、その破産管財人が債務者の財産を金銭に換えて債権者に配当する一連の手続をいう。
> 3）個人である債務者（破産手続開始の決定後にあっては、破産者）は、破産手続開始決定時点の債務は、当然に返済を免れるものではなく、そのためには別途裁判所に対して免責許可の申立てを行い、許可を受ける必要がある。
> 4）破産手続開始決定後、破産手続と免責手続のいずれもが終了するまで、債権者は個別に破産者の財産を差し押さえることができない。

・解説と解答・

1）不適切である。債務者の所在地にある地方裁判所に対して行う（破産法5条）。
2）適切である（破産法15条1項、74条1項、78条）。
3）適切である（破産法248条）。破産法12章1節各条に手続が定められている。
4）適切である（破産法249条）。

正解　1）

1－24　事業承継トラブル対応

《問》事業承継にまつわるトラブルに関する次の記述のうち、最も不適切
なものはどれか。
1）役員・従業員への事業承継を考える際には、現経営者が負っている
借入金等の個人保証の引継ぎも考えなければならない。
2）現経営者の相続発生時に備えて、自社株が分散しないように遺言等
の準備をしておくことが大切である。
3）事業承継を検討する際は、自社株の評価を下げるため、会社は一時
的に利益を抑えるべきである。
4）共同経営者がいる場合は、共同経営者の処遇にも配慮をしながら、
後継者へのスムーズな事業承継を検討すべきである。

・解説と解答・

1）適切である。
2）適切である。
3）不適切である。事業会社の本来の目的は、利益を上げることである。事業
承継の難しさは、株価は下げたいが利益は上げたいというところに矛盾が
あるため、事前準備が大事になる。
4）適切である。

<u>正解　3）</u>

第2章

親族内・従業員承継の実務

2－1　人の承継／承継者の選定・教育

《問》事業承継実行時の留意点に関する次の記述のうち、最も不適切なものはどれか。

1）親族内承継の利点の1つとして、親族内承継は相続等により財産や株式を後継者に移転できるため、所有と経営の分離を回避できる可能性が高いことが挙げられる。

2）役員・従業員等への承継の障害の1つとして、現経営者の個人債務保証の引継ぎ等が問題となることが挙げられる。

3）後継者に対する教育では、当該後継者を経営幹部等の要職に就ける必要があるが、現場の混乱を避けるためにも現経営陣の引退まで待ってから行うほうがよい。

4）後継者に対する教育では、経営理念の引継ぎが重要となるため、現経営者による直接指導を行うことが望ましい。

・解説と解答・

1）適切である。①内外の関係者から心情的に受け入れられやすい、②後継者を早期に決定し、後継者教育等のための準備期間を確保することができる、③相続等により財産や株式を後継者に移転できるため、所有と経営の分離を回避できる可能性が高いこと、などが親族内承継の利点となっている。

2）適切である。中小企業の債務は個人保証となっていることが多く、経営を引き継ぐということは、この保証も引き継ぐことになるため、この点が役員・従業員等への承継の障害となっている。

3）不適切である。経営の知識や経験はすぐに身につくものではなく、時間がかかるため、現経営陣の引退まで待つのではなく、ふさわしい時期に経営幹部等の要職へ就かせることで、経験を積ませたほうがよい。

4）適切である。指導内容は経営上のノウハウや業界事情にとどまらず、経営理念の引継ぎまで行うことが望ましい。

<u>正解　3）</u>

2－2　経営の承継／代表取締役の交代手続

《問》代表取締役の交代手続に関する次の記述のうち、最も不適切なもの
はどれか。
1）取締役会設置会社において代表取締役を選定する場合は、取締役会
を開く必要がある。
2）代表取締役変更登記は、代表取締役選定の決議から1カ月以内に行
う必要がある。
3）代表取締役を退任する者が、引き続き取締役として残る場合、退任
後の役員報酬が退任前と比較して50％以上減少している等の一定の
要件を満たせば、法人税法上、支給した役員退職金を損金に算入す
ることが認められる。
4）100％の株式譲渡によるM＆Aによって代表取締役が交代する場合、
新しい代表取締役は、譲受企業が選任することができる。

・解説と解答・

1）適切である（会社法362条2項3号）。なお、取締役会設置会社でない会社
の代表取締役の選定方法は、定款に定めがない場合には、株主総会の決議
によることができる（同法349条3項）。
2）不適切である。代表取締役変更登記は、代表取締役選定の決議から2週間
以内に行う必要がある（会社法911条3項14号、915条1項）。
3）適切である。役員退職金を損金算入する場合、退任後の役員報酬はおおむ
ね半分以下であるべきとされている。また、形式的に役員報酬が半分に減
少していればよいわけではなく、実質的に退職したと同様の事情にあると
認められなければならないことに留意すべきである（法人税法基本通達9
－2－32）。
4）適切である。100％の株式譲渡によってM＆Aが行われた場合、譲受企業
は譲渡企業の株主となり、役員を選任することができるようになる。

<u>正解　2）</u>

38

2-3 経営の承継／MBO

> 《問》上場会社のMBO（Management Buy Out）に関する次の記述の
> うち、最も不適切なものはどれか。
> 1）MBOを行うことにより企業が上場を廃止した場合、市場に左右さ
> れることなく経営方針を立てることができるようになる。
> 2）MBOを行うことにより企業が上場を廃止した場合、限られた株主
> のみとなるため、素早い意思決定が可能となり、資金調達の選択肢
> の幅が広がる。
> 3）知名度の向上が比較的必要とされない企業であれば、MBOによる
> 上場廃止を行うことの影響は少なく済む。
> 4）上場維持コストを回避する観点から、MBOにより上場廃止が行わ
> れる場合もある。

●解説と解答●

　MBOとは、Management Buy Outの略であり、経営陣が株式を取得し、親
会社、オーナー、前株主から独立する取引をいう。株式の取得資金は、経営陣
が自ら出資するほか、企業の財産や将来の収益を担保とした金融機関からの融
資や投資会社からの出資等により調達する。なお、MBOを実施する目的は、
事業承継、スピンアウト、非上場化、事業再生等である。

1）適切である。MBOにより上場を廃止すると、一般に、短期的なリターン
　を求める資本市場に振り回されることなく、長期的な将来を見据えた投資
　等が行いやすくなる。
2）不適切である。MBOにより上場を廃止すると、市場からの資金調達が難
　しくなることから、資金調達の選択肢の幅は狭くなる。
3）適切である。上場を廃止することによるデメリットの1つに知名度の低下
　があるが、知名度を必要としない企業であればこのデメリットは少なくて
　済む。
4）適切である。株式上場には、株主からの短期的な株価上昇圧力や上場維持
　コスト等のデメリットがある。これらのデメリットを回避する観点から、
　MBOにより上場廃止をする事例がある。

正解　2）

2－4　経営の承継／EBO

> 《問》EBO（Employee Buy Out）に関する次の記述のうち、最も不適
>   切なものはどれか。
> 1）MBOは後継者となる経営陣が、EBOは従業員等が株式を取得する
>   手法である。
> 2）従業員は銀行から借入をすることができないため、EBOは自己資
>   金によって行う必要がある。
> 3）EBOは、事業内容や経営方針を熟知している従業員等が行う買収
>   であるため、円滑な事業承継施策の1つとされている。
> 4）EBOにおいては、特定目的会社（SPC）を設立し、SPCが主体と
>   なって買収を行う手法も用いられている。

・解説と解答・

1）適切である。MBOを行う主体は経営陣であるのに対して、EBOを行う主
   体は従業員等である。
2）不適切である。EBOを行うに当たり、従業員であっても借入をすること
   ができる。
3）適切である。長年会社に勤めている従業員にEBOを通じて承継させるこ
   とで、円滑な事業承継を行うことができる。
4）適切である。EBOは、自ら資金調達する方法とSPCが資金調達する方法に
   分けられる。

<u>正解　2）</u>

2－5 財産の承継／贈与税が課される財産と課されない財産

《問》贈与税の課税財産および非課税財産に関する次の記述のうち、最も
不適切なものはどれか。

1）扶養義務者相互間における生活費または教育費のための贈与は非課
　税なので、将来の教育費に充てる予定で、親が出資した資金で子名
　義の定期預金を作成した場合は、贈与税の課税対象とならない。

2）親族間で著しく低い対価で財産の譲渡を行った場合、譲渡財産の時
　価と譲渡対価の差額が贈与税の課税対象となる。

3）負担付贈与があった場合は、贈与された財産の価額から負担額を差
　し引いた価額に相当する財産の贈与があったものとして、贈与税の
　課税対象となる。

4）離婚による財産の分与によって取得した財産については、婚姻中の
　夫婦の協力によって得た財産の額等を考慮して社会通念上相当な範
　囲内である場合は、原則として、贈与税の課税対象とならない。

・解説と解答・

　贈与税の非課税財産としては、次のようなものが挙げられる。

・法人からの贈与により取得した財産（相続税法21条の3第1項1号）

・扶養義務者から贈与された生活費または教育費（同法21条の3第1項2号）

・社交上必要と認められる香典等（同法基本通達21の3－9）

・被相続人から相続開始年に贈与により取得し、相続税の課税価格に加算さ
　れる財産（同法21条の2第4項）

1）不適切である。扶養義務者相互間における生活費または教育費のための贈
　与は、通常必要と認められる範囲内で行われる限り非課税とされる（相続
　税法21条の3第1項2号）。また、生活費または教育費として必要な都度
　直接これらの用に充てるために贈与によって取得した財産が非課税とさ
　れ、生活費や教育費といった名目で贈与を受けたものであっても、受贈者
　が預金したり、不動産の購入代金に充てる等すると、贈与税の課税対象と
　なる（同法基本通達21の3－5、6）。定期預金の作成は、必要な都度直
　接教育費に充てられていない。

2）適切である。親族間での低額譲渡は、実質的な贈与とみなされる（相続税
　法7条）。

3 ）適切である（タックスアンサー№4426）。

4 ）適切である（相続税法基本通達 9 － 8 、所得税法基本通達33－ 1 の 4 ）。

<u>正解　 1 ）</u>

2-6　財産の承継／贈与税の基礎知識（みなし贈与財産）

> 《問》贈与税のみなし贈与財産に関する次の記述のうち、最も不適切なも
> のはどれか。
> 1）子が資力を喪失し債務を弁済することが困難であるため、親にその
> 　　債務の引受がなされたときは、当該弁済額については贈与税の課税
> 　　対象とはならない。
> 2）個人年金保険の保険契約者（＝保険料負担者）が夫、被保険者およ
> 　　び年金受取人が妻である場合、年金の支給開始時に年金受給権の評
> 　　価額の一定割合が妻に対する贈与税の課税対象となるが、その後、
> 　　妻が受け取る年金に対しては、所得税等は課されない。
> 3）時価と比べて著しく低い対価で子が親から土地を譲り受けた場合、
> 　　その土地の時価と支払った対価の差額は、原則として贈与により取
> 　　得したものとみなされる。
> 4）夫が保険料を支払っていた生命保険が満期になったことにより、妻
> 　　が満期保険金を受け取った場合、その満期保険金相当額は、贈与に
> 　　より取得したものとみなされる。

・解説と解答・

1）適切である。債務者が資力を喪失して債務を弁済することが困難である場
　　合において、その債務者の扶養義務者によって当該債務の全部または一部
　　の引受けがなされたときは、当該債務の引受けに係る金額のうちその債務
　　を弁済することが困難である部分の金額については、贈与により取得した
　　ものとみなさない（相続税法8条後段）。
2）不適切である。妻が受け取る年金は、課税部分と非課税部分に振り分け、
　　課税部分（課税部分の年金収入額－対応する保険料または掛金の額）にの
　　み雑所得として所得税および住民税が課される（タックスアンサーNo.
　　1610、1620）。
3）適切である（相続税法7条前段）。なお、ここでいう時価とは、譲渡の対
　　象が土地や建物である場合は、相続税評価額ではなく通常の取引価額をさ
　　す（タックスアンサーNo.4423）。
4）適切である（タックスアンサーNo.4417）。

<u>正解　2）</u>

2－7　財産の承継／贈与税の申告と納付

《問》贈与税の申告と納付に関する次の記述のうち、最も不適切なものは
どれか。
1）暦年課税において、その年中に贈与を受けた財産の価額の合計額が
基礎控除額未満の場合は、贈与税の申告をする必要はない。
2）贈与税の延納期限は、原則として5年以内である。
3）納付期限までに贈与税額を金銭で一時に納付することが困難である
場合、一定の要件を満たせば延納を選択することができるが、物納
は認められていない。
4）贈与税の申告書を提出する義務のある者は、原則として、贈与を受
けた年の翌年2月16日から3月15日までの間に、贈与税の申告書を
その者の住所地の所轄税務署長に提出しなければならない。

・解説と解答・

1）適切である。贈与により財産を取得した受贈者は、取得した財産の価額が
基礎控除額（110万円）を超えるときは、その者の住所地の所轄税務署長
に贈与税の申告書を提出しなければならない（租税特別措置法70条の2の
4、相続税法21条の5、28条1項）。
2）適切である（相続税法38条1項）。
3）適切である。贈与税に物納は認められていない。
4）不適切である。贈与税の申告書の提出期限は、贈与を受けた年の翌年2月
1日から3月15日までの期間である（相続税法28条1項）。

正解　4）

2-8 財産の承継／相続時精算課税制度

《問》相続時精算課税制度に関する次の記述のうち、最も適切なものはどれか。

1) 相続時精算課税の適用を受けるには、財産の贈与時点の贈与者の年齢が60歳以上、受贈者の年齢が18歳以上でなければならない。
2) 特定贈与者から贈与を受けた財産について相続時精算課税を選択した受贈者は、その選択した年以後に当該特定贈与者から贈与を受けた財産についてはすべて相続時精算課税の適用を受けることとなり、その選択を撤回することはできない。
3) 相続税の課税価格の計算上、相続財産に加算する相続時精算課税の適用を受けた財産の評価額は、相続時の時価とされる。
4) 相続時精算課税を適用することにより、贈与税額がゼロになる場合は、贈与税の申告書を提出する必要はない。

・解説と解答・

　通常の贈与税は、相続開始前3年以内の贈与を除き、相続財産とは切り離されて課される仕組みとなっている。なお、2024年1月1日以後に行われた贈与については、相続開始前7年以内のものを除いて、相続財産と切り離されて贈与税が課される。

　一方、相続時精算課税制度では、贈与時に贈与財産に対する贈与税を支払い、相続時にその贈与財産を相続財産に加算した価額をもとに計算した相続税額から、すでに支払った贈与税額を控除することにより、贈与税・相続税を通じた課税が行われる仕組みとなっている。

1) 不適切である。相続時精算課税の適用を受ける受贈者および贈与者の年齢は、贈与があった年の1月1日現在で判定する（相続税法21条の9）。
2) 適切である（相続税法21条の9第3項、6項）。
3) 不適切である。相続、遺贈または贈与により取得した財産の価額は、当該財産の取得のときにおける時価により評価する（相続税法22条）。したがって、本肢においては贈与時の価額が相続税の課税価格に算入される。
4) 不適切である。相続時精算課税の適用を受けようとする者は、必ず贈与税の申告書を提出する必要がある（相続税法21条の9第2項、28条1項）。

正解　2)

2 - 9　財産の承継／個人の事業用資産についての贈与税の納税猶予及び免除

《問》個人の事業用資産についての贈与税の納税猶予及び免除（以下、「本制度」という）に関する次の記述のうち、最も適切なものはどれか。

1) 本制度の適用を受けるためには、先代経営者等である贈与者が、贈与の日の属する年およびその前年において、青色申告により確定申告していることが要件の 1 つである。
2) 本制度の対象となる特定事業用資産とは、先代経営者等である贈与者の事業の用に供されていた資産で、贈与の日の属する年の前年および前々年分の事業所得に係る青色申告書の貸借対照表に計上されていたものである。
3) 本制度の適用を受けるためには、後継者である受贈者が、贈与の日まで引き続き 1 年以上にわたり、特定事業用資産に係る事業に従事していることが要件の 1 つである。
4) 本制度の適用を受けるためには、2026年 3 月31日までに、認定経営革新等支援機関の所見を記載した個人事業承継計画を都道府県知事に提出し、確認を受ける必要がある。

・解説と解答・

　2019年度税制改正により創設された個人の事業用資産についての贈与税・相続税の納税猶予及び免除は、青色申告に係る事業（不動産貸付業等を除く）を行っている事業者の後継者として、中小企業における経営の承継の円滑化に関する法律の認定を受けた者が、原則として、2019年 1 月 1 日から2028年12月31日までの贈与または相続等により、特定事業用資産を取得した場合は、
　①その青色申告に係る事業の継続等、一定の要件のもと、その特定事業用資産に係る贈与税・相続税の全額の納税が猶予され、
　②後継者の死亡等、一定の事由により、納税が猶予されている贈与税・相続税の納税が免除されるものである。
1) 不適切である。本制度の適用を受けるためには、先代経営者等である贈与者が、贈与の日の属する年、その前年およびその前々年において、青色申告により確定申告していなければならない。

2）不適切である。本制度の対象となる特定事業用資産とは、先代経営者等である贈与者の事業の用に供されていた資産で、贈与の日の属する年の前年分の事業所得に係る青色申告書の貸借対照表に計上されていたものである。

3）不適切である。贈与の日まで引き続き3年以上にわたり従事していなければならない。

4）適切である。

<u>正解 4）</u>

2－10　財産の承継／非上場株式等についての贈与税の納税猶予及び免除の特例（特例措置）

《問》非上場株式等についての贈与税の納税猶予及び免除の特例（特例措置）（以下、「本特例」という）に関する次の記述のうち、最も適切なものはどれか。
1）本特例の適用を受けた場合、後継者である受贈者が納付すべき贈与税額のうち、本特例の対象となる非上場株式に係る課税価格に対応する贈与税の80％相当額の納税が、受贈者の死亡の日等まで猶予される。
2）本特例の適用を受ける受贈者が、贈与者の推定相続人以外であっても、一定の要件を満たした場合には、相続時精算課税の適用を受けることができる。
3）本特例の適用を受けることができる後継者は、非上場株式の受贈時において会社の代表権を有し、議決権を最も多く有する 1 人の者に限られる。
4）本特例における雇用確保要件を満たさない場合、いかなる理由があろうとも納税猶予の期限が確定する。

・解説と解答・

　非上場株式等についての贈与税・相続税の納税猶予及び免除の特例では、後継者である受贈者・相続人等が、中小企業における経営の承継の円滑化に関する法律の認定を受けている非上場会社の株式等を贈与または相続等により取得した場合において、その非上場株式等に係る贈与税・相続税について、一定の要件のもと、その納税を猶予し、後継者の死亡等により、納税が猶予されている贈与税・相続税が免除される。
　非上場株式等についての贈与税・相続税の納税猶予及び免除の特例には、「一般措置」と「特例措置」の 2 つの制度があり、特例措置については、事前の計画策定等や適用期限が設けられているが、納税猶予の対象となる非上場株式等の株数制限（総株式数の最大 3 分の 2 まで）の撤廃や後継者である受贈者の人数要件が、最大 3 人まで認められたこと等の違いがある。
1）不適切である。本特例の適用を受けた場合、後継者である受贈者が納付すべき贈与税額のうち、本特例の対象となる非上場株式に対応する贈与税の

全額の納税が猶予される。

2）適切である。本特例の適用を受ける受贈者が、贈与者の推定相続人以外の者（その年の1月1日において18歳以上）であり、かつ、贈与者が同日において60歳以上の者である場合には、相続時精算課税の適用を受けることができる。

3）不適切である。特例承継計画に記載された後継者が2人または3人以上の場合には、議決権数において、それぞれ上位2人または3人の者（総議決権数の10％以上を有し、共同代表権を有する者）が対象となる。

4）不適切である。本特例において、雇用確保要件を満たせない理由および認定経営革新等支援機関の意見を記載した報告書を都道府県知事に提出し、確認を受けることで、納税猶予は継続される。

<u>正解　2）</u>

2 −11　財産の承継／民法の規定・相続人の範囲と順位・相続分

《問》民法における相続人等に関する次の記述のうち、最も不適切なもの
　はどれか。
1 ）被相続人に、配偶者と子がおらず、父母と兄弟姉妹がいる場合に
　　は、父母と兄弟姉妹が相続人となる。
2 ）兄弟姉妹には代襲相続が認められているが、兄弟姉妹を代襲して相
　　続人となる者は兄弟姉妹の子（被相続人の甥、姪）に限られる。
3 ）民法において、相続人になることができる養子の数には制限はな
　　い。
4 ）被相続人の申立てにより推定相続人から廃除された者に子がいた場
　　合、その廃除者の子（被相続人の孫）には代襲相続が認められる。

・解説と解答・

　相続人となるのは、被相続人の配偶者（内縁関係にある者を除く）と一定の
血族関係者である。配偶者は常に相続人となり、血族関係者は次の順位によっ
て相続人となる。

第 1 順位	子および代襲者（再代襲者）（非嫡出子、胎児、養子を含む）
第 2 順位	直系尊属（被相続人の父母、祖父母、曾祖父にあたる者で養父母を含む）
第 3 順位	兄弟姉妹およびその子

1 ）不適切である。被相続人に配偶者と子がおらず、父母と兄弟姉妹がいる場
　　合には、父母のみが相続人となる（民法889条）。
2 ）適切である（民法887条 2 項、889条 2 項）。
3 ）適切である。なお、遺産に係る基礎控除の計算上、被相続人に実子がいる
　　場合は養子の数は 1 人、実子がいない場合は 2 人まで相続人の数に算入す
　　る（相続税法15条 2 項）。
4 ）適切である。廃除者の直系卑属には、代襲相続が認められる。また、相続
　　人が欠格事由に該当した場合、その子（直系卑属）にも代襲相続が認めら
　　れる（民法887条 2 項、891条）。

正解　1 ）

2－12　財産の承継／民法の規定・遺産の分割

《問》遺産分割に関する次の記述のうち、最も不適切なものはどれか。
1）遺産分割は、相続開始時に遡って効力が生じるが、第三者の権利を害することはできない。
2）遺産分割協議は、共同相続人全員の合意が必要であり、戸籍上判明している相続人の一部を除外して行った遺産分割協議は無効とされる。
3）代償分割とは、相続財産の全部または一部を処分して、その処分代金を共同相続人間で分割する方法である。
4）遺産分割には、相続人全員の合意による協議分割と、家庭裁判所が関与する調停分割または審判分割がある。

・解説と解答・

1）適切である（民法909条）。
2）適切である。共同相続人は、遺言で禁じられている場合を除き、いつでも協議により遺産の分割をすることができる。家庭裁判所への届出や遺産分割協議書の作成がなくても、相続人全員が合意すれば成立する（民法907条1項）。
3）不適切である。換価分割の説明である。代償分割とは、共同相続人のうち特定の者が相続財産を取得し、その者がほかの相続人に対し、相続財産の代わりとして金銭等、自己の固有財産を支払う方法である。このほか、現物分割や指定分割といった方法もある。
4）適切である（民法907条、家事事件手続法39条別表第2第12項、同法244条）。

正解　3）

2−13　財産の承継／民法の規定・相続の承認と放棄

> 《問》相続の承認と放棄に関する次の記述のうち、最も適切なものはどれ
> か。
> 1) 相続人が、自己のために相続の開始があったことを知った時から3
>   カ月以内に限定承認または相続の放棄をしなかった場合、当該相続
>   人は相続を放棄したものとみなされる。
> 2) 相続人が相続の放棄をする場合、自己のために相続の開始があった
>   ことを知った時から3カ月以内に、共同相続人全員が共同して、家
>   庭裁判所に対し相続の放棄をする旨の申述をしなければならない。
> 3) 相続人が単純承認をする場合、自己のために相続の開始があったこ
>   とを知った時から3カ月以内に、共同相続人全員が共同して、家庭
>   裁判所に対し単純承認をする旨の申述をしなければならない。
> 4) 相続人が限定承認をする場合、自己のために相続の開始があったこ
>   とを知った時から3カ月以内に、相続人全員が共同して家庭裁判所
>   に対し、限定承認をする旨の申述をしなければならない。

・解説と解答・

1) 不適切である。相続人が、自己のために相続の開始があったことを知った
   時から3カ月以内に意思表示をしなかった場合には、単純承認をしたもの
   とみなされる（民法915条1項、921条2号）。

2) 不適切である。相続人が相続の放棄をする場合、自己のために相続の開始
   があったことを知った時から3カ月以内に、各相続人が単独で家庭裁判所
   に対し、相続の放棄をする旨の申述をしなければならない（民法915条1
   項、938条、939条）。

3) 不適切である。相続人が、自己のために相続の開始があったことを知った
   時から3カ月以内に相続の放棄または限定承認の手続を行わなかった場
   合、単純承認したものとみなされる（民法915条1項、921条）。

4) 適切である。なお、相続人が限定承認をしようとするときは、自己のため
   に相続の開始があったことを知った時から3カ月以内に、相続財産の目録
   を作成して家庭裁判所に提出し、限定承認をする旨を申述しなければなら
   ない（民法915条1項、923条、924条）。

正解　4)

2−14 財産の承継／民法の規定・遺留分算定基礎財産

《問》遺留分に関する次の記述のうち、最も適切なものはどれか。
1）遺留分は、相続が開始しているかどうかにかかわらず、放棄することができる。
2）遺留分は、相続人である配偶者、子（その代襲相続人を含む）、直系尊属および兄弟姉妹に認められている。
3）生前贈与された財産を遺留分算定基礎財産に算入する際の価額は、原則として、贈与時の価額による。
4）遺留分権利者が遺留分の侵害額請求権を行使する場合、必ず遺留分の侵害者に対して裁判等による法的手続によって請求しなければならない。

・解説と解答・

1）適切である。なお、相続開始前に遺留分を放棄するには、家庭裁判所の許可が必要である（民法1049条1項）。
2）不適切である。兄弟姉妹に遺留分は認められていない。なお、遺留分割合（法定相続分を乗じる前の割合）は、直系尊属のみが相続人の場合は、遺留分算定基礎財産の価額の3分の1、その他の場合は2分の1である（民法1042条）。
3）不適切である。相続開始時の価額となる（民法904条、1043条、1044条）。なお、遺留分の算定基礎となる財産は、被相続人が相続開始のときに有していた財産の価額に一定の贈与財産の価額を加え、債務の全額を控除して算定する。
4）不適切である。遺留分侵害額請求権は、裁判で請求する必要はなく、遺留分侵害者に対する意思表示で足りる（民法1046条）。

<u>正解　1）</u>

2－15 財産の承継／民法の規定・遺留分に関する民法特例①・除外合意

《問》遺留分に関する民法の特例（以下、「本特例」という）に関する次
の記述のうち、最も不適切なものはどれか。
1）本特例を利用するためには、本特例の対象となる企業が、合意時点
において3年以上継続して事業を行っている非上場企業でなければ
ならない。
2）会社法で規定されている会社以外の法人（医療法人、学校法人、税
理士法人等）は、本特例の対象外である。
3）除外合意により自社株を生前贈与したとしても、相続開始時までに
当該自社株の評価額が上昇した場合、生前贈与時と相続開始時の評
価額の差額分については、遺留分侵害額請求の対象となる。
4）除外合意と固定合意は、組み合わせて適用することができる。

・解説と解答・

中小企業の事業承継において、経営者としては、自社株の分散を避けるた
め、遺言や生前贈与によって後継者に集中的に財産を渡したいところである
が、相続人が複数いる場合は、ほかの相続人の遺留分を侵害する可能性があ
る。そこで、経営承継円滑化法では、遺留分に関する民法の特例を規定してい
る。

　除外合意：後継者が先代経営者から生前贈与等によって取得した自社株等に
　　　　　　ついて、遺留分算定基礎財産から除外することができる。
　固定合意：後継者が先代経営者から生前贈与等によって取得した自社株等に
　　　　　　ついて、遺留分算定基礎財産に加算する価額を合意時点の価額と
　　　　　　することができる。

1）適切である。
2）適切である。
3）不適切である。除外合意により、生前贈与した自社株の評価額が相続開始
　時までに上昇した場合でも、増加分を含めたすべてを遺留分侵害額請求の
　対象外とすることができる。
4）適切である。

<u>正解　3）</u>

2-16 財産の承継／民法の規定・遺留分に関する民法の特例②・固定合意

《問》遺留分に関する民法の特例（以下、「本特例」という）に関する次の記述のうち、最も不適切なものはどれか。

1) 合意をした日において、後継者が所有する自社株のうち、合意の対象とした自社株を除くと議決権数が総議決権数の50％を超える場合は、本特例を適用することはできない。
2) 本特例を適用しようとする企業の後継者は、先代経営者からの自社株の贈与等により当該会社の総株主または総社員の議決権の過半数を有し、かつ、合意時点において当該企業の代表者でなければならない。
3) 本特例を適用しようとする企業の後継者は、合意をした日から1カ月以内に、所定の申請書類を経済産業大臣に提出しなければならない。
4) 生前贈与された自社株を固定合意の対象とした場合、遺留分の算定基礎となる自社株の価額は、当初の発行価額としなければならない。

・解説と解答・

1) 適切である（経営承継円滑化法4条1項但書）。
2) 適切である（経営承継円滑化法3条3項、4条）。
3) 適切である（経営承継円滑化法7条3項）。
4) 不適切である。固定合意の対象となった自社株の遺留分算定の基礎となる価額は、合意時点の評価額（弁護士、弁護士法人、公認会計士、監査法人、税理士または税理士法人が証明した評価額）である（経営承継円滑化法4条1項2号）。

正解 4）

2－17　財産の承継／相続税の計算の仕組み

《問》次の各ケースにおいて、相続人による相続税の申告をする必要がないものはどれか。なお、各選択肢に記述のある事項以外は考慮しないものとする。

　1）小規模宅地等についての相続税の課税価格の計算の特例の適用を受けることにより、納付すべき相続税額がゼロとなった場合

　2）相続によって取得した財産を国や地方公共団体に贈与し、相続税の非課税の適用を受ける場合

　3）配偶者に対する相続税額の軽減の適用を受けることにより、納付すべき相続税額がゼロとなった場合

　4）課税価格の合計額が遺産に係る基礎控除額の範囲内となる場合

・解説と解答・

1）申告する必要がある（租税特別措置法69条の4第1項、7項）。

2）申告する必要がある（租税特別措置法70条1項、5項）。

3）申告する必要がある（相続税法19条の2第1項、3項、27条）。

4）申告する必要はない（相続税法15条、27条）。

正解　4）

2－18　財産の承継／相続税の申告と納付

《問》相続税の申告と納付に関する次の記述のうち、最も適切なものはどれか。
1）相続税の課税価格の合計額が遺産に係る基礎控除額の範囲内の場合は、原則として、相続税の申告は不要である。
2）相続税の申告義務のある者は、原則として、相続の開始があったことを知った日の翌日から6カ月以内に申告書を提出しなければならない。
3）相続税の物納に充てる財産は、相続により取得した財産で国内にあるものであれば、その種類を問わない。
4）相続税の申告書は、原則として、相続人の住所地を管轄する税務署長に提出しなければならない。

・解説と解答・

1）適切である（相続税法15条、27条）。
2）不適切である。相続の開始があったことを知った日の翌日から10カ月以内に申告書を提出しなければならない（相続税法27条）。なお、相続税は、納付すべき額の全額を金銭で一時に納付することが原則だが、一定の要件のもと、延納が可能である（同法38条）。延納によっても金銭納付が難しいときは、一定の要件のもと、税務署長が許可した場合に限り、相続財産自体をもって物納することができる（同法41条）。
3）不適切である。物納できる財産は、相続税の課税対象になった財産で国内にあるもののうち、管理処分不適格財産（抵当権付不動産等）以外の物納適格財産に限られる（相続税法41条）。
4）不適切である。相続税の申告書は、原則として、被相続人の死亡時における住所地を管轄する税務署長に提出しなければならない（タックスアンサーNo.4205）。

正解　1）

2－19　財産の承継／個人の事業用資産についての相続税の納税猶予及び免除

《問》個人の事業用資産についての相続税の納税猶予及び免除（以下、「本制度」という）に関する次の記述のうち、最も適切なものはどれか。
1) 本制度の適用を受けるためには、先代経営者等である被相続人が、相続開始の日の属する年およびその前年において、青色申告により確定申告していなければならない。
2) 本制度の対象となる特定事業用資産とは、先代経営者等である被相続人の事業の用に供されていた資産で、相続等の日の属する年、その前年および前々年分の事業所得に係る青色申告書の貸借対照表に計上されていたものである。
3) 相続により事業を承継した相続人が、相続開始から5年以上経過した後に事業を廃止した場合には、猶予されていた相続税は全額免除される。
4) 不動産貸付業に該当する場合には、本制度の適用を受けることができない。

・解説と解答・

　2019年度税制改正により創設された個人の事業用資産についての贈与税・相続税の納税猶予及び免除は、青色申告に係る事業（不動産貸付業等を除く）を行っている事業者の後継者として、中小企業における経営の承継の円滑化に関する法律の認定を受けた者が、原則として、2019年1月1日から2028年12月31日までの贈与または相続等により、特定事業用資産を取得した場合は、
　①その青色申告に係る事業の継続等、一定の要件のもと、その特定事業用資産に係る贈与税・相続税の全額が猶予され、
　②後継者の死亡等、一定の事由により、納税が猶予されている贈与税・相続税の納税が免除されるものである。
1) 不適切である。本制度の適用を受けるためには、先代経営者等である被相続人が、相続開始の日の属する年、その前年およびその前々年において青色申告により確定申告していなければならない。
2) 不適切である。本制度の対象となる特定事業用資産とは、相続等の日の属

する年の前年分の事業所得に係る青色申告書の貸借対照表に計上されていたもので、事業用の土地（借地権等を含む）（400㎡以下の部分）、事業用の建物（床面積800㎡以下の部分）および所定の減価償却資産である。

3）不適切である。事業を廃止した場合には、原則として、時期にかかわらず猶予されていた相続税の全額と利子税を納付する必要がある。ただし、一定のやむを得ない理由がある場合や破産手続開始決定があった場合を除く。

4）適切である。

<u>正解　4）</u>

2 −20　財産の承継／非上場株式等についての相続税の納税猶予及び免除の特例（特例措置）

《問》非上場株式等についての相続税の納税猶予及び免除の特例（特例措置）（以下、「本特例」という）に関する次の記述のうち、最も適切なものはどれか。
1 ）本特例の適用を受けた後、本特例に係る相続税の申告期限から 5 年以内の間に、会社の従業員数が相続開始時の従業員数の 8 割を下回った場合、その時点で納税猶予の期限が確定し、猶予された相続税額を納付しなければならない。
2 ）本特例の適用を受けることができる後継者である相続人等は、 1 社につき 1 人までとされている。
3 ）相続により非上場株式を取得した後継者が本特例の適用を受ける場合、相続により取得したすべての当該株式が本特例の対象となる。
4 ）本特例の適用を受けることができる後継者である相続人等は、相続開始の日の翌日から 3 カ月を経過する日において、会社の代表権を有している必要がある。

・解説と解答・

　非上場株式等についての贈与税・相続税の納税猶予及び免除の特例では、後継者である受贈者・相続人等が、中小企業における経営の承継の円滑化に関する法律の認定を受けている非上場会社の株式等を贈与または相続等により取得した場合において、その非上場株式等に係る贈与税・相続税について、一定の要件のもと、その納税を猶予し、後継者の死亡等により、納税が猶予されている贈与税・相続税が免除される。

　非上場株式等についての贈与税・相続税の納税猶予及び免除の特例には、「一般措置」と「特例措置」の 2 つの制度があり、同制度のうち相続に関連する特例措置については、事前の計画策定等や適用期限が設けられているが、納税猶予の対象となる非上場株式等の株数制限（総株式数の最大 3 分の 2 まで）の撤廃や納税猶予割合の引上げ（80％から100％）がされている等の違いがある。

1 ）不適切である。時限措置である特例措置においては、承継後 5 年以内に平均 8 割の雇用を下回ったとしても、雇用確保要件を満たせなかった理由を

記載した報告書を都道府県知事に提出し、確認を受ければ、引き続き納税
猶予は継続される（納税猶予の期限は確定しない）。ただし、一般措置に
おいては、承継後5年以内に平均8割の雇用を下回った場合、その時点で
納税猶予の期限が確定し、猶予された相続税額を納付しなければならな
い。

2）不適切である。時限措置である特例措置においては、最大3人まで本特例
の適用を受けることができるようになった。ただし、一般措置において
は、1社につき1人までとされている。

3）適切である。

4）不適切である。本特例の適用を受けることができる後継者である相続人等
は、相続開始の日の翌日から5カ月を経過する日において、会社の代表権
を有している必要がある。

正解　3）

2－21　財産の承継／相続税が課される財産と課されない財産

> 《問》相続税の課税財産等に関する次の記述のうち、最も適切なものはどれか。
> 1）自動車事故により被害者が死亡し、加害者が加入していた自動車保険契約に基づき被害者の遺族である相続人が受け取った対人賠償保険金は、相続税の課税対象とならない。
> 2）相続を放棄した者が取得した生命保険の死亡保険金は、相続税の課税対象とならない。
> 3）被相続人が骨董品として所有していた仏像は、相続税の課税対象とならない。
> 4）特許権や著作権等の無体財産権は、相続税の課税対象とならない。

・解説と解答・

1）適切である。対人賠償保険から支払われる保険金は、損害賠償金の性格を有するものであり、相続税は非課税となる（タックスアンサーNo.4111）。

2）不適切である。生命保険の死亡保険金は、相続を放棄した者が取得した場合であっても、遺贈によって取得したとみなされ、その全額がみなし相続財産として相続税の課税対象となる（タックスアンサーNo.1750）。なお、この場合は「500万円×法定相続人の数」によって算出される死亡保険金の非課税金額は、適用することはできない（同No.4114）。

3）不適切である。日常礼拝の用に供する仏像等は非課税とされているが、商品や骨董品、投資対象として保有している場合は、相続税の課税対象となる（タックスアンサーNo.4108）。

4）不適切である。金銭で見積もることができる経済的価値のあるすべての財産は、非課税財産を除き相続税の課税対象となる（タックスアンサーNo.4105）。

正解　1）

2－22　財産の承継／譲渡にかかる税金

《問》所得税の譲渡所得に関する次の記述のうち、最も不適切なものはどれか。

1) 事業所得者が棚卸資産を譲渡したことによる所得は、譲渡所得に該当しない。
2) 土地や建物の譲渡所得を計算するにあたり、実際の取得費が不明な場合に限り、収入金額の5％相当額を取得費とすることができる。
3) 譲渡所得とは、有償無償を問わず、売買や交換等、資産の所有権が移転するいっさいの行為により生ずる所得をいう。
4) 家具や通勤用の自動車等、生活用動産の譲渡による所得については、所得税の課税対象とならない。

・解説と解答・

　譲渡所得とは、有償無償を問わず、通常の売買のほか、交換、競売、公売、代物弁済、財産分与、収用および法人に対する現物出資等、所有資産を移転させるいっさいの行為により生じる所得をいう。

　譲渡所得の対象となる資産の範囲は、棚卸資産、準棚卸資産、営利を目的とする継続売買に係る資産、山林および金銭債権を除くいっさいの資産である（所得税法33条）。つまり、土地、借地権、建物、機械、船舶、書画、骨とうおよびゴルフ会員権等で、本来販売を目的としない資産が対象となる（タックスアンサーNo.3105）。

1) 適切である。事業所得者が商品や製品、半製品、仕掛品、原材料等の棚卸資産を譲渡した場合の所得は、事業所得となる（タックスアンサーNo.3105）。
2) 不適切である。5％の概算取得費は、実際の取得費が判明している場合においても適用することができる（タックスアンサーNo.3258）。
3) 適切である。
4) 適切である。ただし、貴金属や宝石、書画等、1個または1組の価額が30万円を超えるものの譲渡による所得は、所得税の課税対象となる（タックスアンサーNo.3105）。

正解　2)

2 −23　不動産の評価／土地・建物の評価

《問》相続税における土地・建物の評価に関する次の記述のうち、最も適
　切なものはどれか。
1 ）貸家建付地の価額は、「自用地評価額×（1 −借地権割合）」により
　算出する。
2 ）貸宅地の価額は、「自用地評価額×借地権割合」により算出する。
3 ）宅地の価額は、必ずしも登記上の1 筆の宅地ごとに評価するのでは
　なく、利用の単位となっている1 区画の宅地ごとに評価する。
4 ）倍率方式により評価する宅地の価額は、「宅地の時価×倍率」によ
　り算出する。

・解説と解答・

1 ）不適切である。貸家建付地の価額は、「自用地評価額×（1 −借地権割合
　×借家権割合×賃貸割合）」により算出する（タックスアンサー№4614）。
2 ）不適切である。貸宅地の価額は、「自用地評価額×（1 −借地権割合）」に
　より算出する（タックスアンサー№4613）。
3 ）適切である（タックスアンサー№4603）。
4 ）不適切である。倍率方式による宅地の価額は、「固定資産税評価額×倍
　率」により算出する（タックスアンサー№4602）。

<u>正解　3 ）</u>

64

2－24　不動産の評価／小規模宅地等の評価減

> 《問》小規模宅地等についての相続税の課税価格の計算の特例（以下、「小規模宅地等の評価減」という）に関する次の記述のうち、最も不適切なものはどれか。
> 1）相続または遺贈による取得者が確定していない宅地等には、原則として、小規模宅地等の評価減を適用することはできない。
> 2）被相続人の居住の用に供されていた宅地等を配偶者が取得する場合は、無条件で特定居住用宅地等に該当する。
> 3）特定居住用宅地等に該当する場合は、330㎡を限度として評価額の80％が減額される。
> 4）貸付事業用宅地等に該当する場合は、400㎡を限度として評価額の50％が減額される。

・解説と解答・

1）適切である。ただし、相続税の申告書に「申告期限後3年以内の分割見込書」を添付して提出しておき、相続税の申告期限から3年以内に分割され取得者が確定した場合は、小規模宅地等の評価減の適用を受けることができる（租税特別措置法69条の4第1項、4項）。

2）適切である。居住用の宅地を配偶者が相続により取得した場合は、その後の用途等に関係なく、特定居住用宅地等に該当する（タックスアンサーNo.4124）。

3）適切である（租税特別措置法69条の4第1項1号、2項2号）。

4）不適切である。貸付事業用宅地等に該当する場合は、200㎡を限度として評価額の50％が減額される（租税特別措置法69条の4第1項2号、2項3号）。

<u>正解　4）</u>

2−25　自社株の評価／評価方法の判定

《問》取引相場のない株式の評価方法に関する次の記述のうち、最も適切なものはどれか。

1）「1株当たりの配当金額」「1株当たりの利益金額」および「1株当たりの純資産価額」の金額のうち、直前期末を基準として計算したとき、いずれか2要素がゼロであり、かつ、直前々期末を基準として計算したときも2要素以上がゼロである会社の株式を同族株主が取得した場合は、比準要素数1の会社として、当該株式を配当還元方式により評価する。

2）開業後3年未満の会社の株式については、類似業種比準方式により評価することができず、純資産価額方式により評価する。

3）株式等保有特定会社とは、株式等の価額の合計額を評価会社の総資産価額で除して算定した相続税評価ベースでの株式等保有割合が70％以上である会社をいう。

4）土地保有特定会社とは、土地等の価額の合計額を評価会社の総資産価額で除して算定した相続税評価ベースでの土地保有割合が50％以上である会社をいう。

・解説と解答・

1）不適切である（財産評価基本通達189−2）。「1株当たりの配当金額」「1株当たりの利益金額」および「1株当たりの純資産価額」の金額のうち、直前期末を基準として計算したとき、いずれか2要素がゼロであり、かつ、直前々期末を基準として計算したときも2要素以上がゼロである会社は、比準要素数1の会社として次のとおり評価する。ただし、同族株主等以外の株主が取得した株式については、配当還元方式により評価する。

　納税者の選択により、次の①、②のいずれかの方法で評価する。
　①純資産価額方式による評価額
　②類似業種比準価額×0.25＋純資産価額×0.75

2）適切である（財産評価基本通達189−4）。

3）不適切である。株式等保有特定会社とは、株式等の価額の合計額を評価会社の総資産価額で除して算定した相続税評価ベースでの株式等保有割合が50％以上である会社をいう（財産評価基本通達189）。

4) 不適切である。土地保有特定会社とは、土地等の価額の合計額を評価会社の総資産価額で除して算定した相続税評価ベースでの土地保有割合が、次の表の会社区分に応じた割合に該当する会社をいう（財産評価基本通達189）。

会 社 区 分				土地保有割合
大会社				70%以上
中会社				90%以上
小会社	総資産価額	卸売業	20億円以上	70%以上
		小売・サービス業	15億円以上	
		上記以外	15億円以上	
	総資産価額	卸売業	7,000万円以上20億円未満	90%以上
		小売・サービス業	4,000万円以上15億円未満	
		上記以外	5,000万円以上15億円未満	
	上記以外			適用なし

<u>正解　2）</u>

2-26　自社株の評価／類似業種比準方式

《問》取引相場のない株式の評価における類似業種比準方式で用いる各比
準要素等に関する次の記述のうち、最も適切なものはどれか。
1) 類似業種の株価は、課税時期の属する月以前3カ月間の各月の平均
株価、課税時期の前年の平均株価、課税時期の属する月以前2年間
の平均株価のうち、最も高い金額により計算する。
2) 1株当たりの配当金額は、直前期末以前2年間における当該評価会
社の剰余金の配当金額（非経常的な配当を除く）の合計額の2分の
1に相当する金額により計算する。
3) 1株当たりの利益金額は、直前期末以前1年間における経常利益に
より計算する。なお、直前期末以前2年間の経常利益の合計額の2
分の1に相当する金額を選択することもできる。
4) 1株当たりの純資産価額は、貸借対照表の純資産の合計額をもとに
計算する。

・解説と解答・

　類似業種比準方式とは、評価会社の事業内容と類似する上場会社の株価を基
に、比準要素を用いて株式の価額を評価する方式である。比準要素は、1株当
たりの配当金額、1株当たりの利益金額、1株当たりの純資産価額（帳簿価
額）の3要素である。

$$\text{「類似業種比準価額} = A \times \frac{\frac{b}{B} + \frac{c}{C} + \frac{d}{D}}{3} \times \text{斟酌率} \times \frac{1\text{株当たり資本金等の額}}{50\text{円}}\text{」}$$

斟酌率：大会社70％、中会社60％、小会社50％

A：類似業種の株価（課税時期の属する月以前3カ月の各月の平均、課税時
　期の前年の平均または課税時期の属する月以前2年間の平均のうち最も
　低い金額）

B：類似業種の1株当たり年配当金額

C：類似業種の1株当たり年利益金額

D：類似業種の1株当たり簿価純資産価額

b：評価会社の1株当たり年配当金額（直前期末以前2年間の平均）

c：評価会社の1株当たり年利益金額（直前期末以前1年間または前2年間
　の平均）

　d：評価会社の1株当たり簿価純資産価額（直前期末）

　※1　A、B、C、Dは国税庁が発表（国税庁ホームページで確認可能）

　※2　b、c、dは1株当たり資本金等の額を50円に引き直して計算した数値

　※3　各分数式ごとに小数点以下第2位未満切捨て、最終計算結果は円未満切捨て

　※4　1株当たり資本金等の額は、自己株式の数を除いた株式数で除した額

1）不適切である。類似業種の株価は、課税時期の属する月以前3カ月間の各月の平均株価、課税時期の前年の平均株価、課税時期の属する月以前2年間の平均株価のうち、最も低い金額により計算する（財産評価基本通達182）。

2）適切である（財産評価基本通達183）。

3）不適切である。1株当たりの利益金額は、直前期末以前1年間における法人税の課税所得金額（非経常的な利益の金額を除く）に、その所得の計算上益金に算入されなかった剰余金の配当（資本金等の額の減少によるものを除く）等の金額および損金に算入された繰越欠損金の控除額を加算した金額により計算する。なお、納税義務者の選択により、直前期末以前2年間の各事業年度について、それぞれ法人税の課税所得金額を基とし、上記に準じて計算した金額の合計額の2分の1に相当する金額とすることもできる（財産評価基本通達183）。

4）不適切である。1株当たりの純資産価額は、直前期末における資本金等の額および法人税法2条18号に規定する利益積立金相当額の合計額により計算する（財産評価基本通達183）。

正解　2）

2 −27　自社株の評価／純資産価額方式

《問》取引相場のない株式の評価における純資産価額方式に関する次の記述のうち、最も不適切なものはどれか。

1 ）1 株当たり純資産価額の計算に用いる発行済株式数は、直前期末ではなく課税時期における発行済株式数を用いる。

2 ）純資産価額の計算において、課税時期の属する事業年度に係る法人税額等で、その事業年度開始の日から課税時期までの期間に対応する金額のうち未払いのものについては、負債として計上する。

3 ）純資産価額方式は、原則として、評価時点で評価会社の資産および負債をすべて相続税課税における財産評価の方式に従って評価しなおして純資産価額を算定し、これを発行済株式数（自己株式を除く）で除して 1 株当たりの純資産価額を計算する。なお、評価替えをした際に含み益がある場合は、含み益に対して法人税等相当額の控除を受けることができる。

4 ）純資産価額の計算において、評価会社が子会社株式（非上場会社の株式）を100％保有している場合の当該子会社株式は、帳簿価額により計算する。

・解説と解答・

　純資産価額方式とは、評価会社を清算したと仮定した場合において、株主に帰属する価値がいくらになるかという観点から株式の価額を評価しようとする方式である。

$$「純資産価額 = \frac{相続税評価額による総資産価額 - 負債の合計額 - 評価差額の法人税等相等額}{課税時期における発行済株式数（自己株式を除く）}」$$

※評価差額＝相続税評価額による純資産価額−簿価純資産価額

1 ）適切である（財産評価基本通達185）。

2 ）適切である（財産評価基本通達186）。

3 ）適切である（財産評価基本通達186− 2 ）。

4 ）不適切である。評価会社が子会社株式（非上場会社の株式）を保有している場合における当該株式の評価についても、財産評価基本通達に基づき評価する（財産評価基本通達186− 3 ）。　　　　　　　　　<u>正解　4 ）</u>

2－28　自社株の評価／配当還元方式

> 《問》取引相場のない株式の評価における配当還元方式に関する次の記述
> のうち、最も不適切なものはどれか。
> 1 ）配当還元方式とは、同族株主以外の少数株主が取得した株式の評価
> 方法であるが、当該評価額が、原則的評価方式により評価して計算
> した金額を超える場合には、原則的評価方式により計算した金額に
> よって評価する。
> 2 ）配当還元価額の計算上、記念配当等の非経常的な配当がある場合
> は、当該非経常的な配当金額を控除したうえで計算する。
> 3 ）一般に、配当還元価額は、直前期末の配当金額を10％で還元した金
> 額により計算する。
> 4 ）中間配当と期末配当を支払っている場合は、中間配当と期末配当の
> 合計金額をその期の配当金額として配当還元価額を計算する。

・解説と解答・

　配当還元方式とは、過去の配当実績を基礎として評価額を求める方式である。

$$「配当還元価額＝\frac{その株式の年配当金額（前2年間の平均）}{10\%}×\frac{1株当たり資本金等の額}{50円}」$$

　※その株式の年配当金額は、1株当たり資本金等の額を50円に引き直して計算した数値

　※1株当たり資本金等の額は、自己株式の数を除いた株式数で除した額

 1 ）適切である（財産評価基本通達188、188－2）。

 2 ）適切である（財産評価基本通達183、188－2）。

 3 ）不適切である。直前期末以前2年間における剰余金の配当金額（特別配
当、記念配当等のうち、将来毎期継続することが予想できない金額を除
く）の合計額の2分の1に相当する金額を、10％で還元して計算する（財
産評価基本通達183、188－2）。

 4 ）適切である（財産評価基本通達183注1、188－2）。

<u>正解　3 ）</u>

2 －29　譲渡にかかる税金／短期・長期譲渡所得

《問》譲渡所得の金額を計算する際の短期譲渡所得・長期譲渡所得に関する次の記述のうち、最も不適切なものはどれか。

1）土地や建物等の譲渡所得は、その譲渡のあった年の1月1日現在において、譲渡資産の所有期間がその資産の取得の日以後5年以内のものは短期譲渡所得、5年超のものは長期譲渡所得として区分する。

2）株式等の譲渡所得は、ほかの所得と分離して課税する申告分離課税が適用され、適用税率は、原則として20.315％（所得税15.315％、住民税5％）である。

3）土地や建物等の譲渡所得の金額は、「譲渡所得の金額＝収入金額－（取得費＋譲渡費用）」により算出する。

4）同一年中に土地や建物等以外の一般の資産に係る短期譲渡所得と長期譲渡所得があるときは、短期譲渡所得および長期譲渡所得それぞれから特別控除額50万円を控除することができる。

・解説と解答・

　土地や建物等以外の資産を譲渡した場合の譲渡所得（総合課税）の金額は、次の算式により計算する。

　「譲渡所得の金額＝収入金額－（取得費＋譲渡費用）－特別控除額（50万円）」

　土地や建物等以外の資産の譲渡所得は、譲渡資産の所有期間がその資産の取得の日以後5年以内のものを短期譲渡所得、5年超のものを長期譲渡所得として区分する。なお、同一年中に短期譲渡所得と長期譲渡所得がある場合、特別控除額50万円は先に短期譲渡所得となる金額から控除し、控除しきれないときはその残額を長期譲渡所得となる金額（2分の1にする前の金額）から控除する。つまり、特別控除額は、短期譲渡所得および長期譲渡所得を合わせて年間50万円が限度となる（タックスアンサーNo.3152）。

　土地や建物等を譲渡した場合の譲渡所得（分離課税）の金額は、次の算式により計算する。

　「譲渡所得の金額＝収入金額－（取得費＋譲渡費用）」

　土地や建物等の譲渡所得は、その譲渡のあった年の1月1日現在において、譲渡資産の所有期間がその資産の取得の日以後5年以内のものを短期譲渡所

得、5年超のものを長期譲渡所得として区分する（タックスアンサー№.3202）。

1）適切である。

2）適切である。株式等の譲渡による譲渡所得の金額は、「上場株式等に係る
　譲渡所得の金額」と「一般株式等に係る譲渡所得の金額」に区分し、ほか
　の所得の金額と区分して税額を計算する申告分離課税であり、その適用税
　率は、それぞれに対し20.315％である（タックスアンサー№.1463）。

3）適切である。

4）不適切である。同一年中に土地や建物等以外の一般の資産に係る短期譲渡
　所得と長期譲渡所得がある場合、特別控除額は、短期譲渡所得および長期
　譲渡所得を合わせて年間50万円が限度となる。

正解　4）

2-30　譲渡にかかる税金／取得費・譲渡費用①

《問》譲渡所得の金額を計算する際の取得費に関する次の記述のうち、最も不適切なものはどれか。

1）借主が存在する土地や建物を購入したときに支払った当該借主に対する立退料は、取得費となる。
2）土地を取得するときに支払った測量費は、取得費となる。
3）贈与により不動産を取得したときに支払った贈与税は、一定金額を取得費に加算することができる。
4）相続または贈与により居住用不動産を取得したときに支払った登録免許税は、取得費となる。

・解説と解答・

　譲渡所得の金額の計算上控除される資産の取得費とは、原則として、資産の取得に要した金額（取得価額）に、設備費と改良費を加えた合計額をいう。ただし、譲渡資産が家屋等、使用したり、期間の経過により価値が減少していく資産の場合は、取得価額、設備費および改良費の合計額から、所有期間中の減価償却費相当額を差し引いた金額が取得費とされる（タックスアンサーNo.3252）。

1）適切である（タックスアンサーNo.3252）。
2）適切である（タックスアンサーNo.3252）。
3）不適切である。支払った贈与税は取得費には含まれない。なお、相続により取得し、相続税を支払った不動産について、当該相続税の申告期限の翌日以後3年以内に当該不動産を譲渡した場合は、当該不動産に係る相続税額のうち、一定金額を取得費に加算することができる特例（相続財産を譲渡した場合の取得費の特例）がある（タックスアンサーNo.3267）。
4）適切である。ただし、業務の用に供される資産の場合には、取得費に含まない（タックスアンサーNo.3252）。

正解　3）

2-31 譲渡にかかる税金／取得費・譲渡費用②

《問》譲渡所得の金額を計算する際の譲渡費用に関する次の記述のうち、
最も不適切なものはどれか。
1）土地や建物を売却するために支払った仲介手数料は、譲渡費用となる。
2）土地を売却するために土地上の建物を取り壊したときの取壊し費用は、譲渡費用となる。
3）貸家を売却するために借家人に支払う立退料は、譲渡費用となる。
4）土地を売却した年分の当該土地に係る固定資産税は、譲渡費用となる。

● 解説と解答 ●

譲渡所得の金額の計算上控除される譲渡費用とは、以下のようなものをさす。なお、譲渡費用には、譲渡資産の修繕費や固定資産税等、資産の維持または管理に要した費用を含めることはできない（タックスアンサーNo.3255）。

・資産の譲渡に際して支出した仲介手数料、運搬費および登記・登録に関する費用等
・譲渡のために借家人等を立ち退かせるための立退料や、その土地の上にある建物等の取壊し費用
・すでに売買契約をしている資産をさらに有利な条件でほかに譲渡するため、前の契約を解除したことにより生じた違約金
・譲渡した資産の価値を増加させるために、譲渡に際して支出した費用

1）適切である。
2）適切である。
3）適切である。
4）不適切である。固定資産税や都市計画税、修繕費等、その資産の維持や管理のためにかかった費用は、譲渡費用にはならない（タックスアンサーNo.3255）。

正解　4）

2 −32　譲渡にかかる税金／土地・建物の譲渡

《問》土地・建物の譲渡に関する次の記述のうち、最も適切なものはどれか。
1 ）土地や建物等を譲渡した場合は、譲渡の日から3カ月以内に確定申告をしなければならない。
2 ）長期譲渡所得に該当する場合、所得税および住民税（復興特別所得税を含む）の税率は、15％である。
3 ）短期譲渡所得に該当する場合、所得税および住民税（復興特別所得税を含む）の税率は、30％である。
4 ）親族等の特別な関係でない者に対し、一定の要件を満たした居住用財産を譲渡した場合は、譲渡所得に対し最高で3,000万円の特別控除の適用を受けることができる。

・解説と解答・

　土地や建物等の譲渡所得には、ほかの所得と分離して課税する申告分離課税が適用される。したがって、独立して課税所得金額を計算し、個別に税率を適用して所得税・住民税を算出する。なお、土地や建物等の譲渡所得に対する課税には、居住用財産を譲渡した場合の3,000万円の特別控除や軽減税率の特例、特定居住用財産の買換えの特例および特定事業用資産の買換えの特例等、課税価格や適用税率を軽減したり、課税を繰り延べる等のさまざまな特例等が設けられている。
1 ）不適切である。申告手続はほかの所得と一緒に翌年3月15日までに行う。
2 ）不適切である。長期譲渡所得の所得税および住民税（復興特別所得税を含む）の税率は20.315％である（タックスアンサー№3208）。
3 ）不適切である。短期譲渡所得の所得税および住民税（復興特別所得税を含む）の税率は39.63％である（タックスアンサー№3211）。
4 ）適切である。居住用財産を譲渡した場合の3,000万円の特別控除の特例を適用するためには、以下の要件を満たす必要がある（タックスアンサー№3302）。
　　・自己の居住用の財産の譲渡であること（以前に居住していた家屋や敷地の場合には、居住しなくなってから3年を経過する日の属する年の12月31日までの譲渡であること）

・譲渡した年の前年および前々年に本特例または居住用財産の譲渡損失についての損益通算および繰越控除の特例の適用を受けていないこと

・譲渡した年、その前年および前々年に居住用財産の買換えや居住用財産の交換の特例の適用を受けていないこと

・譲渡資産について、収用等の場合の特別控除等ほかの特例の適用を受けていないこと

・災害によって滅失した家屋の場合は、その敷地を居住しなくなった日から3年を経過する日の属する年の12月31日までに譲渡すること

・売手と買手が、親子や夫婦など特別な関係でないこと

正解　4）

2 −33　譲渡にかかる税金／非上場株式の譲渡

《問》非上場株式の譲渡に関する次の記述のうち、最も適切なものはどれ
　　か。
　1 ）非上場株式を譲渡した場合は、ほかの所得と合算して税金を計算す
　　　る。
　2 ）非上場株式を譲渡した場合は、譲渡の日から 3 カ月以内に確定申告
　　　をしなければならない。
　3 ）非上場株式を譲渡した際の所得税および住民税（復興特別所得税を
　　　含む）の税率は、所有期間にかかわらず20.315％となる。
　4 ）同一年中に発生した非上場株式の譲渡益と不動産の譲渡損は、損益
　　　通算することができる。

・解説と解答・

　株式等の譲渡所得とは、上場株式等または非上場株式等の譲渡による所得を
いい、次の算式により計算する。
　「譲渡所得の金額＝収入金額−（取得費＋負債利子＋売買委託手数料＋譲渡費
用）」
　株式等の譲渡所得には、ほかの所得と分離して課税する申告分離課税が適用
される。適用される税率は、原則として20.315％（所得税・復興特別所得税
15.315％、住民税 5 ％）である。
1 ）不適切である。株式等の譲渡による譲渡所得の金額および雑所得の金額
　　（以下、「譲渡所得等の金額」という）は、「上場株式等に係る譲渡所得等
　　の金額」と「一般株式等に係る譲渡所得等の金額」に区分し、ほかの所得
　　の金額と区分して税金を計算する申告分離課税となる（タックスアンサー
　　№.1463）。
2 ）不適切である。ほかの所得と区分して計算するが、申告手続はほかの所得
　　と一緒に翌年 3 月15日までに行う。
3 ）適切である（タックスアンサー№.1463）。
4 ）不適切である。非上場株式の譲渡損益と不動産の譲渡損益は通算できない
　　（タックスアンサー№.1465）。ただし、非上場株式の譲渡益とほかの非上場
　　株式の譲渡損は通算することができる。

<u>正解　3 ）</u>

2−34　会社法／剰余金の配当

《問》剰余金の配当に関する次の記述のうち、会社法等に照らし、最も適
切なものはどれか。
1 ）剰余金の配当は、取締役会の決議により行うことが原則である。
2 ）剰余金の配当は、金銭をもってのみ行うことができる。
3 ）剰余金の配当は、1 事業年度中に1 度だけ行うことができる。
4 ）剰余金の配当は、分配可能額の範囲内で支給しなければならない。

・解説と解答・

1 ）不適切である。剰余金の配当をする場合、株主総会の普通決議により、配
　当財産の種類と帳簿価額の総額、株主に対する配当財産の割当てに関する
　事項および剰余金の配当の効力を生じる日を定めるのが原則である（会社
　法309条1 項、454条1 項）。
2 ）不適切である。剰余金の配当は、金銭および金銭以外の財産をもって行う
　ことができる（会社法454条1 項1 号、4 項）。
3 ）不適切である。剰余金の配当は、1 事業年度中にいつでも回数の制限な
　く、必要な手続を経ることによって行うことができる（会社法453条、454
　条1 項、5 項）。
4 ）適切である（会社法461条）。

正解　4 ）

2-35　会社法／機関設計

《問》会社法における株式会社（非公開会社）の機関設計に関する次の記
　　述のうち、最も不適切なものはどれか。
1 ）取締役会非設置会社である株式会社においては、取締役が 1 人以上
　　必要であるが、監査役は置かなくてもよい。
2 ）取締役会設置会社である株式会社においては、原則として取締役が
　　3 人以上必要であり、委員会設置会社を除き、原則として監査役を
　　置かなければならない。
3 ）取締役の任期は、原則として、選任後 2 年以内に終了する事業年度
　　のうち最終のものに関する定時株主総会の終結のときまでである。
4 ）監査役の任期は、原則として、選任後 2 年以内に終了する事業年度
　　のうち最終のものに関する定時株主総会の終結のときまでである。

・解説と解答・

株式会社（非公開会社）の機関設計の概要

① 　株主総会

招集期間の短縮	総会の 2 週間前まで。ただし、書面や電磁的方法による議決権の行使を認めない場合は、総会の 1 週間前まで（取締役会非設置会社が定款で定めた場合は、 1 週間未満でも可）（会社法299条）。
口頭による開催通知	取締役会非設置会社のみ可（同法299条 2 項）。
招集手続の省略	総株主の同意が必要（同法300条）。
開催の省略	総株主が、提案に書面やメール等で同意した場合には、決議があったものとみなす（書面決議）（同法319条）。

② 　取締役

取締役は 1 人でも可	ただし、取締役会設置会社の場合は、取締役は 3 人以上必要（会社法326条 1 項、331条 5 項）。
取締役会非設置会社	取締役会を設置しないことで、迅速な意思決定が可能となり、議事録の作成や保存が不要となる。ただし、株主総会の権限が強くなる。取締役会設置会社の場合は、原則として監査役を設置しなければならない（同法327条 2 項）。
取締役の任期	原則 2 年だが、定款で10年以内に延長できる（同法332条 1 項、 2 項）。
取締役会の書面決議	定款の定めをおき、取締役全員が提案に書面やメールで同意している場合は、書面決議が認められる。ただし、監査役が設置されている場合は、監査役が異議を述べたときを除く（同法370条）。

③ 監査役

監査役の設置	取締役会設置会社は、原則として監査役を設置しなければならない（会社法327条2項）。
監査役の任期	原則4年だが、定款で10年以内に延長できる（同法336条1項、2項）。

1）適切である（会社法326条）。

2）適切である。取締役会設置会社においては、取締役は3人以上必要である（会社法331条5項）。また、取締役会設置会社（委員会設置会社を除く）は、監査役を置かなければならない。ただし、公開会社でない会計参与設置会社については、この限りではない（同法327条2項）。なお、委員会設置会社は、監査役を置いてはならない（同法327条4項）。

3）適切である（会社法332条1項）。なお、取締役、監査役等の選任、取締役会の決議や取締役の互選等による代表取締役の選定等を行った場合は、その都度、変更の登記を申請する必要がある。

4）不適切である。監査役の任期は、原則として、選任後4年以内に終了する事業年度のうち最終のものに関する定時株主総会の終結のときまでである（会社法336条1項）。

正解　4）

2－36　会社法／金庫株制度

《問》自己株式の取得と保有（いわゆる金庫株制度）に関する次の記述の
うち、会社法等に照らし、最も不適切なものはどれか。
1）自己株式は、原則として、分配可能額の範囲内で取得することがで
きる。
2）金庫株制度を活用することにより、円滑な会社経営のための自社株
の集中や、現経営者に相続が発生した際に後継者が負担する相続税
の納税資金対策を行うことができる。
3）特定の株主から自己株式を取得するためには、株主総会の普通決議
で所定の事項を決議する必要がある。
4）会社が保有する自己株式には、議決権や配当を受ける権利はない。

・解説と解答・

　会社による自己株式の取得は、目的に関係なく株主総会の普通決議（特定の
株主からの取得の場合は特別決議）があれば、自己株式を自由に取得・保有し
てよいこととされている（会社法第155条3号）。自己株式を取得するために
は、株主総会の決議により以下の事項を定める必要がある（会社法第156条1
項）。
　・取得する株式の種類および数
　・取得対価の内容および総額（金銭以外の対価でも可能）
　・株式を取得できる期間（1年以内で自由に設定可能）
　なお、自己株式は、原則として分配可能額（前期末剰余金＋自己株式取得ま
での期間の剰余金等－自己株式等）の範囲内で取得することができる。
　自己株式の保有（処分の時期）についての制限はないが、会社が保有する自
己株式には、議決権がなく、配当を受け取る権利もない（会社法308条2項、
453条）。また、保有している自己株式は、貸借対照表上、純資産の部の株主資
本に自己株式の項目を設けて、純資産の部の合計から控除する。
1）適切である（会社法461条1項2号）。
2）適切である。
3）不適切である。特定の株主から自己株式を取得するためには、株主総会の
特別決議が必要である（会社法156条、160条1項、309条2項2号）。
4）適切である（会社法308条2項、453条）。　　　　　　　　　正解　3）

2-37　会社法／金庫株の課税関係

《問》自己株式の取得と保有（いわゆる金庫株制度）に係る課税関係に関する次の記述のうち、最も適切なものはどれか。

1）個人株主が所有する株式を発行会社に譲渡する場合は、株式の譲渡価額と取得価額の差額が配当所得として課税対象となる。
2）中心的な同族株主から発行会社が自己株式を取得する際の価額は、特例的評価方式により評価する。
3）相続税負担のある者が、相続または遺贈により取得した非上場株式を、相続の開始があった日の翌日から相続税申告書の提出期限の翌日以後3年以内に発行会社に譲渡した場合は、譲渡価額が譲渡した株式に対応する資本金等の額を超えるときであっても、譲渡価額の全額が譲渡所得に係る収入金額とされる。
4）同族株主以外から発行会社が自己株式を取得する際の価額は、原則的評価方式により評価する。

・解説と解答・

　会社が自己株式を取得する場合の適正な価額は、一般に、法人税法上の時価が利用される。この場合、課税上の弊害がなければ、実務的には財産評価基本通達により計算した価額を準用することになる。一方、譲渡する個人株主における適正な価額は所得税法上の時価となるが、これも法人税法上の時価と同様に、実務的には財産評価基本通達により計算した価額を準用することができる。したがって、株式を会社へ譲渡する個人の株主区分に応じて、以下の評価方式により譲渡株式の価額を評価する。
　　・中心的な同族株主　：原則的評価方式（ただし「小会社」として評価する）
　　・上記以外の同族株主：原則的評価方式
　　・同族株主以外の株主：特例的評価方式
1）不適切である。譲渡価額とその株式に対応する税務上の資本金および資本準備金の合計額（以下、「資本金等の額」という）との差額については配当所得となり、資本金等の額と取得価額の差額については譲渡所得となる（所得税法25条1項5号、租税特別措置法37条の10第1項）。
2）不適切である。会社が自己株式を取得する際の価額は、中心的な同族株主から株式を取得する場合、原則的評価方式により評価する。ただし、この

　　場合は、当該自己株式の発行会社を「小会社」として評価することとなる（所得税法基本通達59－6、財産評価基本通達179）。

3）適切である。相続税負担のある株主が、当該相続または遺贈により取得した非上場株式を、当該相続の開始があった日の翌日から相続税申告書の提出期限の翌日以後3年以内に発行会社に譲渡した場合は、譲渡価額が譲渡した株式に対応する資本金等の額を超えるときであっても、その超える部分の金額は所得税法25条に定める配当所得とはみなされず、譲渡価額の全額が譲渡所得に係る収入金額とされる特例がある（租税特別措置法9条の7第1項、2項、所得税法25条1項5号）。

4）不適切である。同族株主以外から株式を取得する場合、発行会社が自己株式を取得する際の価額は、特例的評価方式（配当還元方式）により評価する（所得税法59条1項、同法基本通達59－6、財産評価基本通達188－2）。

正解　3）

2－38　会社法／種類株式

《問》種類株式に関する次の記述のうち、最も適切なものはどれか。
1）種類株式を発行するにあたり、定款の変更をするためには、株主総会の普通決議が必要となる。
2）種類株式の種類を追加することにより、既存の種類株主に損害を与えるおそれがあるときは、当該種類株主による種類株主総会の特別決議が必要である。
3）種類株式発行会社が公開会社である場合、議決権制限株式は発行済株式総数の3分の1を超えて発行することはできない。
4）種類株式発行会社が公開会社である場合は、取締役・監査役選任（解任）権付株式を発行することができる。

・解説と解答・

　種類株式とは、株主の権利についての取扱いが普通株式とは異なる株式をいう。株主の主な権利としては、剰余金の配当を受ける権利、残余財産の分配を受ける権利、株主総会における議決権が挙げられるが、これらの権利内容について、定款に定めることで異なった取扱いにすることができる。

　種類株式の種類としては、会社法上、優先株式・劣後株式（剰余金配当・残余財産分配）、議決権制限株式、譲渡制限株式、取得請求権付株式、取得条項付株式、全部取得条項付株式、拒否権付株式および取締役・監査役選任（解任）権付株式が挙げられている。

1）不適切である。定款の変更をするには、株主総会の特別決議が必要となる（会社法309条2項11号、466条）。

2）適切である（会社法322条、324条2項4号）。

3）不適切である。種類株式発行会社が公開会社である場合、議決権制限株式の発行株数が、発行済株式総数の2分の1を超えるに至ったときは、当該種類株式発行会社は、議決権制限株式の発行株数を発行済株式総数の2分の1以下にするための必要な措置をとらなければならない（会社法115条）。

4）不適切である。取締役・監査役選任（解任）権付株式は、種類株主総会において取締役または監査役を選任（解任）することを定めた株式であり、非公開会社（委員会設置会社を除く）でのみ発行が認められている（会社法108条1項9号）。

正解　2）

2-39　会社法／種類株式の評価

> 《問》種類株式に関する次の記述のうち、最も不適切なものはどれか。
> 1）拒否権付株式（黄金株）は、1株でも会社の意思決定に重要な影響を与えることができるが、普通株式と同様に評価する。
> 2）配当優先株式を発行している会社の株式を類似業種比準方式により評価する場合は、株式の種類ごとにその株式に係る実際の配当金をもとに計算し、評価する。
> 3）無議決権株式は、一般に、会社に対する経営権を有していないため、財産価値はないものとされる。
> 4）社債類似株式は、その経済的実態が社債に類似していることから、財産評価基本通達に準じて、社債の評価と同様に発行価額により評価する。

・解説と解答・

1）適切である。拒否権付株式（黄金株）は、拒否権を考慮せず、普通株式と同様に評価する。

2）適切である。

3）不適切である。無議決権株式および議決権のある株式は、原則として、議決権の有無を考慮せずに評価する。なお、同族株主が無議決権株式を相続または遺贈により取得した場合は、相続税の申告期限までに遺産分割協議が確定し、当該株式を取得したその他の同族株主全員の同意が得られることを条件に、当該無議決権株式を、原則的評価方式による評価額から5％を控除した金額により評価し、当該同族株主が取得した当該会社の議決権のある株式の価額に、控除額を加算した金額で評価することもできる（国税庁「相続等により取得した種類株式の評価について（照会）」）。

4）適切である。優先配当、無議決権、一定期間経過後に発行会社がその株式の全部を発行価額で取得、残余財産の分配は発行価額が上限、普通株式への転換権なし、の条件すべてを満たす株式を社債類似株式という。社債類似株式は、その経済的実態が社債に類似していると認められることから、社債の評価に準じて評価する。ただし、株式であるため既経過利息に相当する配当金の加算は行わない（国税庁「相続等により取得した種類株式の評価について（照会）」）。

正解　3）

2-40 会社法／属人的株式

《問》属人的株式に関する次の記述のうち、最も適切なものはどれか。
1）属人的株式を発行するにあたり、定款を変更するためには、株主総会の特殊決議が必要である。
2）発行済の属人的株式を廃止するためには、株主総会の特殊決議が必要である。
3）属人的株式を発行する場合、株主ごとに異なる取扱いを行う旨を定款に定め、かつ、登記をする必要がある。
4）株式会社であれば、公開会社であっても属人的株式を発行することができる。

・解説と解答・

　公開会社でない会社においては、剰余金の配当、残余財産の分配および議決権について、株主ごとに異なる取扱いを定款で定めることができる（会社法109条2項）。この株主ごとに取扱いを異にする株式を属人的株式という。
1）適切である。総株主の半数以上であって、総株主の議決権の4分の3以上に当たる多数の決議をもって行わなければならない（会社法109条2項、309条4項）。
2）不適切である。属人的株式の廃止は、株主総会の特別決議が必要である（会社法309条2項11号、4項括弧書、466条）。
3）不適切である。属人的株式は、種類株式とは異なり登記はなされない（会社法911条3項7号）。したがって、属人的株式の発行の有無は、定款で確認する必要がある。
4）不適切である。公開会社は、属人的株式を発行することはできない（会社法109条2項）。

正解　1）

第 3 章

社外承継（M&A）の実務

3－1　中小企業M＆Aの動向と現状

《問》中小企業のM＆Aの動向と現状に関する次の記述のうち、最も不適
　切なものはどれか。
1 ）国内の中小企業M＆Aマーケットは、一般に、経営者の高齢化や後
　継者不在等を背景として拡大傾向にある。
2 ）中小企業では、上場企業のように公認会計士等による法定監査が義
　務付けられていない企業が多いため、会計処理が適切でないことも
　想定する必要がある。
3 ）国内の中小企業M＆Aマーケットは、売手企業が圧倒的に多く、買
　手市場の状況にある。
4 ）M＆Aにおいては、企業規模にかかわらず、秘密保持が重要である。

・解説と解答・

1 ）適切である。
2 ）適切である。
3 ）不適切である。国内の中小企業M＆Aマーケットにおいては、買手企業が
　圧倒的に多く、売手企業の数倍規模で存在し、売手市場の状況にある。た
　だし、今後のさらなるM＆Aマーケットの活性化により状況が変わり、売
　手企業が増加することが予測されている。
4 ）適切である。

正解　3 ）

3－2　金融機関のM＆A業務

《問》金融機関のM＆A業務に関する次の記述のうち、最も不適切なものはどれか。
1) 金融機関は、M＆Aにより売手企業の事業を承継した買手企業との取引が開始される可能性がある。
2) 中小企業の経営者にとって、金融機関に事業承継やM＆Aの相談をすることは、事業の引継ぎ先を見つけるうえで一定のメリットがある。
3) 中小企業の経営者は、金融機関との今後の取引拡大につながるとの期待から、事業承継やM＆Aの相談相手として金融機関を選択することが最も多い。
4) 金融機関は、M＆A案件が成約に至ると、買収資金の融資が発生する等、新たな取引につながり、今後の経営のパートナーとして、さらなる関係深耕につながる可能性がある。

・解説と解答・

1) 適切である。M＆Aによって取引が継続し、事業を承継した買手企業が事業をさらに拡大できれば、取引金融機関にとって取引深耕が期待できることに加え、M＆A成約時には手数料収入も見込める。
2) 適切である。金融庁の「企業アンケート調査の結果」（2022年 6 月30日）によると、経営者は金融機関に「事業承継候補の選出」、「事業承継候補との交渉の仲介」、「事業の立て直しのアイデデア・方法」に期待が寄せられている。
3) 不適切である。中小企業の経営者は、金融機関に自社を譲渡したいと相談することで融資姿勢に影響が出てしまうのではないかとの懸念を持っており、金融機関に対してM＆Aの相談を直接的に寄せることは少ない。そのため、金融機関の担当者は、経営者たちの悩みをキャッチできるような、情報を引き出す工夫をすることが大切である。
4) 適切である。

正解　3)

3-3　M&Aによる第三者への事業承継のメリット・デメリット①

《問》中小企業が、株式譲渡によるM&Aによって第三者へ事業を承継する場合に関する次の記述のうち、最も不適切なものはどれか。
 1）M&Aの課題の1つとして、一般に、売手企業の希望条件を満たす買手企業をみつけるのが難しいことが挙げられる。
 2）M&Aは手続が簡便であり、短期間で確実に事業承継問題を解決することができる手法である。
 3）M&Aの実務においては、株式譲渡契約書のなかで、従業員の雇用継続や雇用条件の維持が規定される場合が多い。
 4）後継者不在の中小企業の取引先にとっては、当該企業がM&Aを実行することにより、これまでの取引の継続が期待できる。

・解説と解答・

1）適切である。
2）不適切である。M&Aは第三者との交渉であるため、成約までの期間は不確定であり、短期間での実現が約束されるわけではない。
3）適切である。
4）適切である。

正解　2）

3－4　M＆Aによる第三者への事業承継のメリット・デメリット②

《問》中小企業が、株式譲渡によるM＆Aによって第三者へ事業を承継する場合に関する次の記述のうち、最も不適切なものはどれか。

1）M＆Aの実務においては、売手企業の株主が、表明保証責任や損害賠償責任の義務を負うこと、M＆A実行後にも一定の責任を負うこと等について、抵抗や負担を感じることが多い。

2）M＆Aの実務においては、株式譲渡により創業者である株主が創業者利潤を得ることができるが、そのほとんどが多額の税金やM＆Aに係るコストに消えるため、廃業する場合と比べて手取額が減少する場合が多い。

3）M＆Aによるメリットの1つとして、経営者が一定の引継ぎ期間を終えて引退すれば、セカンドライフのための時間を獲得できることが挙げられる。

4）会社を第三者に譲ることに抵抗を示す経営者が多いが、経営者が高齢の場合、体力面や健康面のリスクを勘案し、早めの決断をすることが重要である。

・解説と解答・

1）適切である。

2）不適切である。M＆Aの実務においては、株式譲渡により創業者である株主が創業者利潤を得ることができる。また、企業が廃業を選択した場合、事業停止のための費用が予想以上に発生することや事業の継続的価値である営業権が考慮されないこと、負債を全額返済しなければならないことや多額の税金が発生すること等の理由から、M＆A（株式譲渡）と比べて、手取額が少ないことが一般的である。

3）適切である。

4）適切である。

正解　2）

3-5　企業価値評価方法の類型

《問》非上場企業の企業価値の評価方法に関する次の記述のうち、最も不
適切なものはどれか。
1）インカム・アプローチとは、評価対象企業から期待される利益、ない
しはキャッシュ・フローに基づいて価値を評価する方法である。
2）ネットアセット・アプローチとは、主として評価対象企業の貸借対
照表上の純資産に注目する静態的な評価方法である。
3）マーケット・アプローチとは、非上場の同業他社や類似取引事例
等、類似する企業、事業、取引事例等と比較することによって相対
的に価値を評価する方法である。
4）企業価値の各評価方法は、目的に応じて使いわけられ、場合によっ
ては2以上の評価方法を組み合わせて算定することもある。

● 解説と解答 ●

　「企業価値」とは、事業価値に非事業資産の価値も含めた企業全体の価値を
いう。
　「事業価値」とは、事業から創出される価値のことであり、企業の静態的な
価値である純資産価値だけではなく、企業の超過収益力等を示すのれんや貸借
対照表に計上されない無形資産・知的財産価値を含めた価値をいう。
　「非事業資産」とは、例えば、遊休資産や余剰資金等をいう。
1）適切である。インカム・アプローチは、一般に、将来のまたは将来期待さ
れる収益獲得能力を価値に反映させやすいアプローチといわれ、評価対象
企業独自の収益性等を基に価値を測定することから、評価対象企業が持つ
固有の価値を示すといわれる。
2）適切である。ネットアセット・アプローチは、帳簿上の純資産を基礎とし
て、一定の時価評価等に基づく修正を行うため、帳簿作成が適正で時価等
の情報が取りやすい状況であれば、客観性に優れている。
3）不適切である。マーケット・アプローチは、上場している同業他社や類似
取引事例等と比較することによって相対的に価値を評価する方法である。
そのため、市場での取引環境の反映や、一定の客観性に優れている。
4）適切である。

正解　3）

3－6 企業価値評価方法／時価純資産法

《問》時価純資産法による企業価値評価に関する次の記述のうち、最も不適切なものはどれか。

1）時価純資産法とは、貸借対照表の資産および負債を時価で評価しなおして純資産額を算出し、1株当たりの時価純資産額を算出して株主価値とする方法である。

2）再調達時価純資産法とは、個別資産の再調達時価を用いて1株当たり純資産額を算出する方法である。この方法で使用する株価等の価額は、企業を新たに取得することを前提にした価額となるが、再調達時価には調達に直接要する費用は含まない。

3）清算処分時価純資産法とは、個別資産の処分価額を用いて1株当たり純資産額を算出する方法である。解散を前提とする企業を評価する際にこの方法が用いられ、解散の方法によって、より安値の早期処分価額を時価として適用したり、処分コストや弁護士費用、その他の事務経費も控除したりする場合がある。

4）時価純資産法の問題点として、企業の資産および負債の経済的実態は表現できるが、収益性は考慮されない点が挙げられる。実務上、収益性を表現するために営業権を算定し、時価純資産に営業権を加味した価額を用いることが多い。

・解説と解答・

ネットアセット・アプローチの具体的な評価方法は次のとおりである。
①簿価純資産法
②時価純資産法
　・再調達時価純資産法
　・清算処分時価純資産法

1）適切である。なお、すべての資産および負債を時価評価することは実務的に困難なことから、土地や有価証券等の主要資産の含み損益のみを時価評価することも多く、この場合の評価方法は、修正簿価純資産法と呼ばれる。

2）不適切である。再調達時価純資産法を用いて企業価値を評価する場合に用いる再調達時価には、調達に直接要する費用が含まれる。この方法で使用

する株価等の価額は、企業を新たに取得することを前提にした価額、つまり、新規に事業を開始した場合と同等の価値を算定するという考え方による方法といえる。税効果に関しては、簿価を時価に改めたときの含み益に対する法人税等相当額を控除する方法と控除しない方法がある。

3）適切である。単に時価純資産法という場合は、この清算処分時価純資産法をさすことが多い。

4）適切である。時価純資産法は、企業の静的価値に着目した方式であり、客観性が比較的高いことから頻繁に用いられるが、これだけでは継続企業としての将来利益の価値（動的価値）を加味できないという短所がある。

<u>正解　2）</u>

3－7　企業価値評価方法／営業権

《問》中堅・中小企業の企業価値の評価方法に関する次の記述のうち、最
も不適切なものはどれか。
1）非上場企業は株式が流通していないため、静的評価であるネットア
　　セット・アプローチをベースにして、企業体が収益を生み出してい
　　るという継続的価値を算定した営業権を加味した価額を企業評価額
　　とする方法を用いることが多い。
2）営業権算定方法のうち、年買法とは、営業利益等の基準利益に3年
　　や5年といった一定の年数を乗じて営業権を算定する方法である
　　が、年買法による評価では、評価が過小になる傾向がある。
3）営業権算定方法のうち、超過収益還元法とは、評価対象会社の利益
　　から非経常的な損益等を除外した正常利益を算出して、時価ベース
　　の総資産額に期待される投資利回りを乗じた期待利益を正常利益か
　　ら控除した額を超過利益とし、この超過利益を資本還元率で資本還
　　元して営業権を算定する方法である。
4）超過収益還元法は、資本還元を行うことで超過利益を半永久的に見
　　込んでしまうことになり、結果として営業権を過大に評価してしま
　　う可能性がある。

・解説と解答・

　中堅・中小企業の企業価値評価としては、実務上、時価純資産法に営業権を
加味した価額が多く用いられている。この営業権の算出方法には、「年買法」
や「超過収益還元法」等さまざまな手法がある。
1）適切である。
2）不適切である。営業権算定方法のうち年買法とは、営業利益等の基準利益
　　に3年や5年といった一定の年数を乗じて営業権を算定する方法である
　　が、年買法による評価では、評価が過大になりがちである。
3）適切である。
4）適切である。超過収益還元法は、評価するに際して見積りの要素が多く、
　　評価の客観性に欠けるという問題点もある。

正解　2）

3－8　企業価値評価方法／営業権の算出

《問》下記の〈条件〉に従って算出したM&Aにおける営業権の価額として、次のうち最も適切なものはどれか。なお、営業権は、「年数×{正常利益－時価総資産価額×（10年国債利回り＋リスクプレミアム)}」で算出されるものとし、年数については3年とすること。

〈条件〉

・正常利益：2,500万円

・時価総資産価額：3億円

・時価純資産価額：2,000万円

・10年国債利回り：1％

・リスクプレミアム：3％

1）2,500万円

2）3,900万円

3）5,400万円

4）7,260万円

・ 解説と解答 ・

3年×{2,500万円－3億円×（1％＋3％)}＝3,900万円

正解　2）

3－9　M＆A当事者間の課税関係（株主）

《問》M＆A当事者間の課税関係等に関する次の記述のうち、最も不適切なものはどれか。

1）個人株主の株式譲渡所得を計算する際の取得費については、実際の取得費と株式譲渡収入×5％のいずれか有利なほうを選択することができる。

2）個人株主が発行会社へ株式を譲渡した場合、株式譲渡による譲渡所得と配当（みなし配当）による配当所得の2種類の所得に対して課税が生じる場合がある。

3）法人株主が配当金（みなし配当）を受け取った場合、当該法人株主が有する株式の割合が4分の1であるときには、受取配当の100％を益金不算入とされる。

4）100％子会社から親会社へ土地等の現物分配を行う場合は、分配する側、分配を受ける側のいずれも法人税等の課税関係が生じることなく実行することができる。

・解説と解答・

1）適切である。同一銘柄の株式等ごとに、取得費の額を株式譲渡収入の5％相当額とすることも認められる（タックスアンサー№1464）。

2）適切である（所得税法25条1項5号、租税特別措置法37条の10第1項）。

3）不適切である。法人株主が配当金（みなし配当）を受け取った場合には、これらは課税済の利益から支払われ、支払法人との二重課税を防止する観点から「受取配当等の益金不算入」という制度があり、M＆A前の事前の株価軽減手法等として有効となりうる。受取配当が益金不算入となる割合は、法人株主の保有割合に応じて異なっており、①保有割合3分の1超～100％は益金不算入割合100％（ただし、配当額から負債利子を控除する）、②保有割合5％超～3分の1以下は益金不算入割合50％、③保有割合5％以下は益金不算入割合20％となる（法人税法23条、同法施行令22条の2、22条の3）。

4）適切である。本肢の手法は、M＆A前の事前の株価軽減手法等として有効である。ただし、分配を受けた側は、不動産の取得に伴う登録免許税や不動産取得税については課されることとなる。　　　　　　　<u>正解　3）</u>

3-10 M&A当事者間の課税関係（譲渡企業・役員）

《問》M&A当事者間の課税関係等に関する次の記述のうち、最も不適切なものはどれか。

1) 役員退職金を支払った法人は、税務上認められる範囲内で役員退職金相当額を損金算入することができ、実務上は「最終報酬月額×役員在任年数×役位に応じた功績倍率」により算出した金額を目安に、役員退職金支給額を検討する。
2) 非上場企業が配当金の支払や自己株式の取得を行った場合、「配当額（みなし配当額）×20.42％」により算出した所得税および復興特別所得税の源泉徴収を行い、原則として、翌月10日までに税務署に納付しなければならない。
3) 退職した役員が受け取った役員退職金には所得税が課されるが、退職所得は、給与所得や配当所得と同様に総合課税となる。
4) 個人が企業へ賃貸していた不動産を、M&Aを機に当該企業へ譲渡する場合、譲渡した年の1月1日時点で所有期間が5年以下であれば短期譲渡所得、5年超であれば長期譲渡所得に該当することとなる。

・解説と解答・

1) 適切である（法人税法基本通達9-2-27の2）。退職した役員は、一定期間だけ業務の引継ぎのために顧問等として残るケースがよくあるが、役員退職金を損金算入するためには、経営上の主要な地位等から外れることが必須となる。実態として、経営上の主要な地位から外れていないと判断された場合、譲渡企業側では全額が役員賞与扱いとして損金不算入・源泉徴収漏れ、受け取る役員側でも給与所得扱いとされるため注意が必要である。

2) 適切である。なお、非上場企業の場合、住民税は源泉徴収されないため、配当金の支払等を受けた個人株主は確定申告が必要となる（タックスアンサーNo.1330）。また、上場企業が配当金の支払等を行った場合は、「配当額×20.315％」により算出した住民税、所得税および復興特別所得税が源泉徴収される。

3) 不適切である。退職所得は、ほかの所得とは分離して税額を計算する分離

課税方式となる（タックスアンサーNo.1420）。

4）適切である。企業が土地や建物を経営者等から賃貸しているケースが多く
ある。このような場合、M&Aによる賃料改定も踏まえたうえで、引き続
き賃貸するかどうかを検討し、最終的に企業へ譲渡する場合には譲渡所得
として課税対象となる（タックスアンサーNo.3202）。

<u>正解　3）</u>

3-11　M&Aに関する税務／株式譲渡

《問》M&Aにおける税務等に関する次の記述のうち、最も不適切なもの
はどれか。

1）個人が相続により取得した株式を譲渡した場合、譲渡所得の計算
　　上、株式の取得費は被相続人の取得費を引き継ぐことができる。
2）個人株主が同一年中に非上場株式と上場株式を譲渡し、非上場株式
　　に譲渡益が生じ上場株式に譲渡損が生じた場合であっても、これら
　　の損益は通算することができない。
3）株式譲渡によりM&Aを実行し、その株式譲渡対価を、税務上認め
　　られる適正額の範囲内で現経営者に役員退職金として支給したとき
　　は、当該役員退職金の支給額が譲渡企業の損金の額に算入される。
4）非上場企業の株式を譲渡する場合、譲渡人が個人であるか法人であ
　　るかにかかわらず、譲渡益に対し20.315％（所得税および復興特別
　　所得税15.315％、住民税5％）の税率で課税される。

・解説と解答・

1）適切である。相続人は被相続人の取得費を引き継いだものとみなされる
　（タックスアンサーNo.1464）。
2）適切である。非上場株式の譲渡損益と上場株式の譲渡損益は、特定中小会
　社の発行株式に係る譲渡損失の損益通算および繰越控除の場合を除き、通
　算することはできない。ただし、非上場株式の譲渡益とほかの非上場株式
　の譲渡損、上場株式の譲渡益とほかの上場株式の譲渡損は通算することが
　できる（タックスアンサーNo.1465）。
3）適切である。役員退職金は、「最終報酬月額×役員在任年数×役位に応じ
　た功績倍率」を税務上の損金算入限度額の目安にすることが多く、これを
　上回る金額を支給する場合には、上回る金額部分が損金不算入とされる可
　能性がある（法人税法第34条、タックスアンサーNo.5208）。
4）不適切である。譲渡人が法人である場合、法人税、住民税、事業税が課さ
　れるため、計算方法、税率等は個人の場合とは異なる。

<u>正解　4）</u>

3−12　M&Aに関する税務／事業譲渡

《問》M&Aに関する税務等に関する次の記述のうち、最も不適切なもの
はどれか。
1 ）事業譲渡は税務上個々の資産および負債の売却として扱われ、譲渡
企業の譲渡益は、法人税の課税対象となる。
2 ）会社の合併および分割は消費税の課税取引には該当しないが、事業
譲渡の場合は消費税の課税取引に該当する場合がある。
3 ）M&Aにおいて、譲渡企業が自社にとって不要な事業だけを他社に
売却したい場合は、一般に事業譲渡のスキームが選択される。
4 ）事業譲渡契約は、消費税における課税資産と非課税資産を一括して
譲渡するものと考えられ、土地は課税資産に区分される。

・解説と解答・

1 ）適切である。
2 ）適切である。合併および分割の場合の資産の譲渡等は包括承継として消費
税の課税取引に該当しないが、事業譲渡の場合は包括承継に当たらず、譲
渡した資産に応じて消費税の課税取引に該当する場合がある（消費税法2
条1項8号、4条、同法施行令2条1項2号、4号）。
3 ）適切である。
4 ）不適切である。事業譲渡契約において、消費税における課税資産と非課税
資産を区分して譲渡するものとし、土地や借地権の譲渡は、消費税は非課
税である（タックスアンサー№6931、消費税法施行令45条3項）。

正解　4 ）

3−13　M＆Aに関する税務／組織再編

《問》M＆Aにおける税務等に関する次の記述のうち、最も不適切なもの
はどれか。
1）組織再編において、税制適格要件を満たした場合は、簿価での資産
　移転が認められ、含み益に対して課税は行われない。
2）M＆Aの対象企業に繰越欠損金がある場合、M＆Aの契約が成立す
　ると、買手企業がすべての繰越欠損金を引き継ぐこととなるため、
　収益力の高い買手企業は、M＆Aを利用して当該繰越欠損金分の税
　負担を軽減することができる。
3）税制適格再編として認められるための要件の1つとして、原則とし
　て、組織再編の対価として株式のみが交付される必要がある。
4）合併により不動産を取得した場合、当該取得に係る不動産取得税
　は、非課税とされている。

・解説と解答・

1）適切である。税務上、合併、会社分割等の組織再編であっても、含み益の
　ある資産の移転に伴い譲渡益を認識し、課税することを原則としている。
　しかし、組織再編の中には、グループ内の再編や共同事業を営むための再
　編等、譲渡益を認識することが適当でない場合がある。そのため、一定の
　場合（税制適格再編）には、資産の移転が行われた場合であっても、当該
　含み益に課税しないこと、すなわち、簿価での資産移転を認めることとさ
　れている（法人税法62条の2、62条の3、62条の4）。
2）不適切である。M＆A後に、引き継いだ繰越欠損金が無制限に利用できる
　と、M＆Aを繰り返すことで税負担を回避することが可能となってしまう
　ため、税法上、組織再編にかかる繰越欠損金の引継ぎでは、一定の制限が
　設けられている。また、実質的な未処理欠損金引継ぎを防止する「特定資
　産譲渡等損失額の損金不算入」という制度も設けられている（法人税法62
　条の7）。
3）適切である（法人税法2条12の8号、12の11号）。
4）適切である（地方税法73条の7第2号）。

正解　2）

3 −14　M&Aの手法／株式購入

《問》株式購入等によるM&Aに関する次の記述のうち、最も不適切なものはどれか。

1 ）株式購入は、発行済株式のすべての売買であれば完全に経営権と支配権を取得することができるため、事業承継を前提としたM&Aで最も多く用いられる手法である。

2 ）発行済株式のすべてを購入することにより、譲受企業は譲渡企業の資産および負債その他の権利義務のいっさいを引き継ぐことになるため、商圏や許認可、従業員等の有形・無形資産を円滑に承継することができる。

3 ）株式購入によってM&Aを行う場合、合併と異なり短期間で企業文化の融合を図ることができる。

4 ）株式購入によってM&Aを行う場合、簿外債務も一緒に引き継いでしまうおそれがあるため、注意が必要である。

・解説と解答・

　株式購入は、株式の購入を通じて、その会社に対する一定の支配権を獲得したり、株主構成を変化させたりする方法で、M&Aを行う上で最もシンプルで多く用いられる手法である。発行済株式すべての購入であれば、完全に経営権と支配権を取得することができる。また、株主総会における特別決議を単独で可決することができる3分の2以上、普通決議を単独で決議することができる2分の1超や、特別決議で拒否権を行使することができる3分の1超が、株式購入の割合の1つの基準となる。

1 ）適切である。

2 ）適切である。

3 ）不適切である。株式購入によってM&Aを行う場合、合併等と異なり、企業文化の融合について別組織として運営しながら時間をかけて解決することとなる。

4 ）適切である。

正解　3 ）

3-15 M&Aの手法／株式譲渡

《問》株式譲渡によるM&Aに関する次の記述のうち、最も適切なものは
どれか。
1）株式譲渡により株主である売手企業の経営者が得た利益は、その年
のほかの所得と合算して課税される。
2）株券発行会社の株式を譲渡する場合、当該株式の株券を交付しなく
ても株式譲渡の効力は生じる。
3）株式譲渡を行った際の株主名簿の名義書換の請求は、譲渡人が単独
で当該株式の発行会社に対して行う。
4）譲渡制限株式の譲渡を行う場合は、原則として、株主総会（取締役
会設置会社にあたっては取締役会）の決議が必要となる。

・解説と解答・

1）不適切である。株式譲渡益は、申告分離課税の方法により確定申告を行う
（タックスアンサー№.1463）。
2）不適切である。株券発行会社の株式譲渡は、当該株式に係る株券を交付し
なければ、その効力は生じない（会社法128条）。
3）不適切である。株主名簿の名義書換の請求は、原則として、譲渡人と譲受
人が共同して当該株式の発行会社に対して行う（会社法133条）。ただし、
当該株式の発行会社が株券発行会社の場合は、株券を提示することで譲受
人が単独で名義書換を請求することができる（同法施行規則22条2項1
号）。
4）適切である。ただし、定款に別段の定めがある場合は、この限りでない
（会社法136条、139条1項）。

正解　4）

3-16　M&Aの手法／株式交換

《問》株式交換等によるM&Aに関する次の記述のうち、最も不適切なものはどれか。

1）株式交換は、株式交換契約が株主総会で承認されることにより、対象会社のすべての株式を強制的に取得し、完全親子関係を形成することができる手法である。

2）株式交換は、原則として債権者保護手続が必要ない等、合併と比較すると容易に行うことができる。

3）株式交換は、完全子会社となる会社の株主に対する対価として、完全親会社となる会社の株式のみならず、金銭等を交付することもできる。

4）株式交換は、少数株主がいる場合には強制的に株式を取得することができないため、有効なスキームとはいえない。

・解説と解答・

　既存の会社を100％子会社にする方法については、株式購入も1つの方法ではあるが、株主が多数いる場合や資金の手当てが十分でない場合に株式交換を利用することで、完全親子関係の形成が可能となる。

　株式交換は、完全親会社と完全子会社との間で株式交換契約を締結し、原則として、それぞれの会社の株主総会で特別決議による承認を受けることにより、一方の会社が他方の会社の株式を100％取得し、完全子会社化することを可能とする制度である。合併等と比べると、原則的には債権者保護の手続が必要ない等、手続は比較的容易となっている。

1）適切である（会社法2条31号、767条）。

2）適切である。

3）適切である（会社法768条1項2号）。

4）不適切である。株式交換によれば、少数株主がいる場合でも、株主総会の特別決議により株式を取得することができる（会社法309条2項12号、783条1項、795条1項）。反対株主や所在不明の株主が多数いたとしても、出席した株主の議決権の3分の2以上の賛成が得られれば（特別決議要件）、完全子会社化することができる。

正解　4）

3−17 M＆Aの手法／株式移転

《問》株式移転等によるM＆Aに関する次の記述のうち、最も不適切なも
のはどれか。
1）株式移転は、既存会社が単独あるいは共同で新たに完全親会社を設
立するための制度で、既存会社の株主がそのまま新たな完全親会社
の株主となる。
2）複数の会社が株式移転により持株会社を設立する際は、各社間の文
化の違いや価値観の違いを十分に理解し、お互いに歩み寄ることが
重要である。
3）株式移転は、既存会社の株主総会の普通決議の承認をもって、完全
子会社となる会社の発行済株式のすべてを強制的に取得する。
4）株式移転により持株会社を設立することのメリットとして、金融機
関に対する信用力の向上や新規事業の立ち上げ等が行いやすい点な
どが挙げられる。

・解説と解答・

1）適切である（会社法2条32号、772条、774条2項）。
2）適切である。
3）不適切である。株式移転は、既存会社の株主総会の特別決議の承認をもっ
て、完全子会社となる会社の発行済株式のすべてを強制的に取得する（会
社法309条2項12号、804条1項）。
4）適切である。

正解　3）

3－18　M＆Aの手法／合併

《問》合併等によるM＆Aに関する次の記述のうち、最も不適切なものは
　　どれか。
　　1）合併は会社法上、「吸収合併」「新設合併」「対等合併」の 3 種類に
　　　　分類される。
　　2）吸収合併を行うことで、消滅する会社の権利義務は、存続する会社
　　　　が包括的に承継することとなる。
　　3）合併のメリットとして、同一事業を営む会社との合併の場合、事業
　　　　規模の拡大や経営の効率化、相互作用による効果等が挙げられる。
　　4）合併のデメリットとして、企業文化の融合や会社規則・人間関係の
　　　　あつれき等の問題、存続会社における株主の持分比率の低下等が挙
　　　　げられる。

・解説と解答・

1）不適切である。合併は、会社法上、「吸収合併」と「新設合併」の 2 種類
　　に分類される（会社法 2 条27号、28号）。
2）適切である（会社法750条 1 項）。
3）適切である。
4）適切である。

正解　1）

3-19 M＆Aの手法／事業譲渡

> 《問》事業譲渡等によるM＆Aに関する次の記述のうち、最も不適切なものはどれか。
> 1) 会社分割が会社法に規定される組織の再編成であるのに対し、事業譲渡は会社が行う取引行為の1つであり、民法の売買や会社法の商行為に関する規定によって要件および効果が律せられる。
> 2) 株式会社がほかの会社の事業の全部を譲り受ける場合は、原則として、株主総会の普通決議が必要となる。
> 3) 株式会社が事業の全部または事業の重要な一部の譲渡を行う場合は、原則として、株主総会の特別決議が必要となる。
> 4) 事業譲渡に反対する株主は、一定の場合を除き、事業譲渡をする株式会社に対し、自己の有する株式を公正な価格で買い取ることを請求することができる。

・解説と解答・

1) 適切である（会社法757条〜766条）。
2) 不適切である。株主総会の特別決議が必要となる（会社法309条2項11号、467条1項3号）。
3) 適切である（会社法309条2項11号、467条1項1号、2号、2号の2）。
4) 適切である（会社法469条）。

正解　2)

3 –20　M&Aの手法／会社分割

《問》会社分割等によるM&Aに関する次の記述のうち、最も不適切なも
　　のはどれか。
　1 ）会社分割とは、会社が特定の事業に関して有する権利義務の全部ま
　　　たは一部を切り離して、ほかの会社に包括承継させることをいう。
　2 ）吸収分割を行う場合は、吸収分割会社と吸収分割承継会社との間で
　　　吸収分割契約を締結し、原則として、それぞれの会社の株主総会の
　　　普通決議が必要となる。
　3 ）分割承継会社の株式を分割会社の株主に割り当てる形態の会社分割
　　　を「分割型分割」という。
　4 ）会社分割のメリットとして、特定の事業だけを切り分けることで重
　　　複部門の整理や関連性のある事業を統合することができ、経営の効
　　　率化やシナジー効果を発揮することができる点が挙げられる。

・解説と解答・

1 ）適切である（会社法 2 条29号、30号）。
2 ）不適切である。会社分割を行う場合は、株主総会の特別決議が必要となる
　　（会社法309条 2 項12号、782条 1 項、783条 1 項、794条 1 項、795条 1 項）。
3 ）適切である。
4 ）適切である。買手企業は、関連性のある事業を引き継ぐことによりシナ
　　ジー効果が期待できる。また、売手企業は、不採算事業やノンコア事業を
　　切り離すことにより経営改善が期待できる。

正解　2 ）

3-21　M＆Aの手法／株式交付

《問》株式交付によるM＆Aに関する次の記述のうち、最も不適切なもの
　　はどれか。
1）株式交付とは、株式会社がほかの株式会社を子会社とするために当
　　該ほかの株式会社の株式を譲り受け、当該株式の譲渡人に対してそ
　　の対価として当該株式会社の株式を交付することをいう。
2）株式交付を行う場合は、原則として、株式交付親会社の株主総会の
　　特別決議が必要となる。
3）株式交換を行う場合は、対象会社の発行済株式の全部を取得する必
　　要があるが、株式交付を行う場合は、対象会社の総議決権の過半数
　　を超える株式を取得すればよい。
4）株式交付を行う場合は、株式交付親会社と株式交付子会社との間で
　　株式交付契約を締結する必要がある。

・解説と解答・

　株式交付は、会社法改正により新設された組織再編手法の1つである。株式
交付により株式交付子会社の株式を譲渡し、対価として株式交付親会社の株式
の交付を受けた場合は、株式を譲渡した法人株主および個人株主は、譲渡した
株式の譲渡損益に対する課税を繰り延べることができる。
1）適切である（会社法2条32の2号）。
2）適切である。株式交付を行う場合、株式交付計画を作成しなければならな
　　い。株式交付親会社は、株式交付の効力発生日の前日までに、株主総会の
　　特別決議によって株式交付計画の承認を受けなければならない（会社法
　　309条2項12号、816条の3第1項）。
3）適切である。株式交換の場合、株式交換完全親会社は、効力発生日に、株
　　式交換完全子会社の発行済株式の全部を取得することとなる（会社法2条
　　31号、769条1項）。一方、株式交付の場合は、株式交付子会社の総株主の
　　議決権の過半数を超える株式を取得することとなる（同法2条3号、32の
　　2号、同法施行規則3条3項1号）。株式交換は、対象会社を完全子会社
　　にする手法、株式交付は、対象会社を子会社にする手法である。なお、株
　　式交付の効力発生日において、株式交付親会社が譲渡しの申込みを受けた
　　株式交付子会社の株式の総数が株式交付計画にあらかじめ定めた下限の数

に満たない場合は、株式交付の効力は発生しない（会社法774条の5、774条の7、774条の10）。

4）不適切である。株式交付の手続において、株式交付契約は締結しない。株式交付においては、株式交付親会社と株式交付子会社との間に契約関係は要せず、株式交付親会社は株式交付子会社の株主との合意に基づき当該株主から個別の申込みを受け、株式交付子会社の株式を譲り受けることとなる（会社法774条の4）。

<u>正解　4）</u>

3-22　M＆Aに関する法務／会社法

《問》会社法の規定に関する次の記述のうち、最も不適切なものはどれか。

1）株券発行会社が株式譲渡を行う場合は、株券を交付せずに株式譲渡を行ったとしても、当該株式譲渡が無効になることはない。
2）事業譲渡により譲り渡す資産の帳簿価額が総資産額の20％以下である場合は、株主総会の承認なく事業譲渡を行うことができる。
3）事業譲渡をした会社は、当事者の別段の意思表示がない限り、同一の市町村等の区域内およびこれに隣接する市町村等の区域内において、その事業を譲渡した日から20年間は同一の事業を行うことができない。
4）新設分割の方法によって会社が組織再編を行う場合は、原則として、新設分割する旨や債権者が一定の期間内に異議を述べることができる旨等の事項を官報に公告し、かつ、知れている債権者には個別に催告しなければならない。

・解説と解答・

1）不適切である。株券発行会社が株式譲渡を行う場合は、会社法上、株券の交付が必要とされている（会社法128条）ため、株券を交付せずに株式譲渡を行った場合は、当該株式譲渡は無効となる場合がある。万が一、株主が株券を紛失していた場合は、①株券紛失部分について株券喪失登録（同法221条、223条、230条）を行い、1年後に株券を再発行して株式譲渡を行う方法と、②株券不発行会社に定款変更する（官報掲載までの期間を考慮に入れなければ、2週間程度で可能）方法のいずれかの方法をとる必要がある。
2）適切である（会社法467条1項2号）。また、譲渡の相手方が当該事業の譲渡会社の特別支配会社（総株主の議決権の10分の9以上を保有する場合等）である場合も、株主総会の承認は不要となる（同法468条1項）。
3）適切である（会社法21条）。
4）適切である（会社法810条）。個別催告に代えて、定款の定めに従う公告方法によることもできる。

正解　1）

3-23　M&Aに関する法務／独占禁止法

《問》独占禁止法に関する次の記述のうち、最も不適切なものはどれか。
　1）一定の取引分野における競争を実質的に制限することになる場合には、M&Aが制限されることがある。
　2）企業の合併や株式の取得等の内容について、公正取引委員会に対し事前に相談することはできない。
　3）一定規模以上のM&A取引については、事前に公正取引委員会に届出を行う必要がある。
　4）株式の取得について、公正取引委員会に「株式取得に関する計画届出書」を提出した企業は、届出受理の日から原則として60日を経過するまでは、当該届出に係る株式を取得してはならない。

・解説と解答・

1）適切である。その他、事業支配力が過度に集中する場合や不公正な取引方法によるM&Aの場合にも、制限される場合がある。

2）適切である。2011年の独占禁止法改正により「事前相談制度」が廃止され、公正取引委員会に対して、企業の合併や株式取得等の内容について事前に相談することができなくなった。なお、事前相談の廃止後は「届出前相談」という新しい制度が設けられ、届出書の記載方法については相談することができる。

3）適切である。企業結合集団の国内売上高合計額200億円超の譲受企業が、譲渡企業およびその子会社の国内売上高合計額50億円超である当該譲渡企業の株式を、新たに20％または50％（株式を取得した後、株式を取得した企業とその企業結合集団とで所有することとなる当該株式発行企業の株式に係る議決権保有割合による）を超えて取得するときは、公正取引委員会へ事前に届出を行う必要がある（独占禁止法10条2項、同法施行令16条3項）。公正取引委員会は、事前届出制により、当該M&A取引が一定の取引分野における競争を実質的に制限することがないかの審査を行っている。

4）不適切である。「株式取得に関する計画届出書」を提出した企業は、届出受理の日から原則として30日を経過するまでは、当該届出に係る株式の取得をしてはならない（独占禁止法10条8項）。

正解　4）

3−24　M＆Aに関する法務／金融商品取引法

《問》金融商品取引法に関する次の記述のうち、最も適切なものはどれか。

1）上場会社等の組織再編行為において、資産額や売上高に一定以上の変動が生じることとなった場合は、有価証券届出書を内閣総理大臣に提出しなければならない。

2）上場企業が非上場企業を吸収合併する場合、有価証券届出書の提出は不要である。

3）大量保有報告制度とは、株式等の大量保有の状況を投資家に開示するための制度であり、上場株式等の保有割合が10％超となった者は、その日から5営業日以内に、大量保有報告書を提出しなければならない。

4）株式等の大量保有者となった際に大量保有報告書を提出すれば、その後の株式等の保有割合に変動があった場合でも、特段の報告は不要である。

・解説と解答・

1）不適切である。有価証券届出書ではなく、臨時報告書を提出しなければならない（金融商品取引法24条の5第4項、企業内容等の開示に関する内閣府令19条2項7号）。

2）適切である（金融商品取引法4条）。非上場企業同士による吸収分割の場合も、有価証券届出書の提出は不要である。

3）不適切である。10％超ではなく、5％超となった場合に大量保有報告書を内閣総理大臣に提出しなければならない（金融商品取引法27条の23）。

4）不適切である。大量保有者となった日以後、原則として、株式等の保有割合が1％以上増減した場合は、変更報告書を提出しなければならない（金融商品取引法27条の25）。

正解　2）

3-25　M&Aに関する法務／労働法

《問》M&Aにおける人事・労務上の留意点に関する次の記述のうち、最も不適切なものはどれか。
1) 合併の場合、合併消滅会社の従業員の雇用契約は、法律上当然に合併存続会社に承継される。
2) 会社分割を行う場合は、「会社分割に伴う労働契約の承継等に関する法律」に基づき、労働者や労働組合に対して事前に所定の事項を通知する等の手続を行う必要がある。
3) 救済型M&Aの場合であっても、従業員を解雇するにあたっては、いわゆる整理解雇の4要件を満たす等、客観的に合理的な理由がなければならない。
4) 事業譲渡の場合、譲渡会社の従業員の雇用契約は、法律上当然に譲受会社に承継される。

・解説と解答・

1) 適切である（会社法750条1項、754条1項）。合併後には、就業規則の変更や雇用条件の統一等が必要となる。
2) 適切である（労働契約承継法2条）。
3) 適切である（労働契約法16条）。「整理解雇の4要件」とは、過去の労働判例から確立された整理解雇を行う際の要件であり、①人員削減の必要性、②解雇回避の努力、③人選の合理性、④解雇手続の妥当性、をいう。整理解雇を行う場合は、整理解雇の4要件を総合的に考慮し、慎重に行わなければならない。
4) 不適切である。事業譲渡は、合併や会社分割とは異なり、事業に属する個々の資産について、個別に契約・移転をする必要がある。したがって、労働契約についても、個別に雇用契約を締結するか、雇用契約の承継について従業員から個別の同意を得る必要がある。

正解　4）

3－26　M＆Aに関する法務／就業規則

《問》M＆Aにおける就業規則に関する次の記述のうち、最も不適切なものはどれか。
1）株式譲渡によって経営者が変わった場合、従業員の就業規則は、原則として、従来の就業規則がそのまま適用される。
2）事業譲渡によって従業員が譲受企業に転籍した場合、従業員の就業規則は、譲受企業における就業規則が適用される。
3）M＆Aを機に就業規則を従業員にとって有利なものに変更した場合、従業員の同意を得る必要はない。
4）M＆Aを機に就業規則を従業員にとって不利なものに変更した場合、従業員の同意を得る必要はない。

・解説と解答・

1）適切である。株式譲渡により、譲渡企業は譲受企業の子会社となるが、従業員の雇用関係は譲渡企業との間のままであり、原則として、就業規則は従来のものが引き続き適用される。
2）適切である。事業譲渡を行うと従業員は転籍することになるため、従業員との協議のうえで転籍同意書に基づいて決定する。転籍に同意した場合には、新たに譲受企業に雇用されることになるため、就業規則も譲受企業のものが適用になる。
3）適切である。なお、従業員にとって有利に変更した就業規則は運用できるが（労働契約法9条、10条）、実務上は、従業員の同意を得ることが望ましい。
4）不適切である。就業規則の不利益変更は基本的に従業員の合意が必要であり、やむを得ない場合であっても合理的な理由がない限り、就業規則の不利益変更は認められない（労働契約法9条）。

正解　4）

3－27　M&Aに関する法務／出向と転籍

《問》M&Aにおける出向と転籍に関する次の記述のうち、最も適切なものはどれか。

1）従来の労働条件を維持すれば、事業譲渡による転籍に従業員の個別同意は不要であり、労働契約は譲受企業に自動的に承継される。

2）出向を命ずる場合は、原則として従業員の同意が必要だが、一定の規程を満たす在籍出向の場合は、個別の同意が不要となる。

3）転籍とは、労働者が元の雇用先企業に籍を残したまま、ほかの企業で一定期間勤務することをいう。

4）転籍を命ずる場合は、原則として従業員の同意は不要だが、一定の場合は、従業員の同意が必要となる。

・解説と解答・

1）不適切である。事業譲渡の場合は、事業に属する個々の資産について個別に契約・移転手続が必要となる。労働契約についても事業譲渡に伴って自動的に承継されるものではなく、個別に雇用契約を締結するか、雇用契約の承継について従業員の個別同意を得る必要がある。

2）適切である。就業規則や労働協約に在籍出向についての具体的な規程があり、それが労働者にあらかじめ周知されている場合は、包括的な同意があると考えられる。

3）不適切である。本肢の内容は、出向の説明である。転籍とは、雇用先企業からほかの企業に籍を移して勤務することをいい、元の雇用先企業との雇用関係は終了する。

4）不適切である。転籍を命ずるには、原則として出向よりも厳格な個別的同意が必要である。

正解　2）

3－28　M＆Aに関する実務／仲介者・コンサルタントの活用

《問》M＆Aにおける初期の個別案件相談や提携仲介契約等に関する次の記述のうち、最も不適切なものはどれか。

1）M＆Aの相談を受けたコンサルタントは、秘密保持契約を遵守することは当然であるが、譲渡企業側も情報管理を徹底しなければならない。

2）M＆Aにおいては、一般に、提携仲介契約締結時に、相談をしている譲渡企業に着手金の支払が生じる。

3）M＆Aの相談を受けたコンサルタントは、初期段階でM＆Aの実現可能性を検討せずに安易に受託し、希望だけを与えることがないよう留意しなければならない。

4）M＆Aを検討する際には、多くの意見を参考にしたり、依頼するコンサルタントの比較検討をするため、複数のコンサルタントに具体的に相談すべきである。

・解説と解答・

1）適切である。M＆Aを検討しているという情報が漏れた結果、従業員が離職したり、取引先から決済条件を厳しくされたり、金融機関の融資姿勢に変化があったりと事業運営に支障が出る可能性がある。

2）適切である。コンサルタントの今後の活動の費用に充てることはもちろん、譲渡の意思を可視化し、譲渡企業の社長の譲渡意思を確認する目的もある。

3）適切である。

4）不適切である。複数のコンサルタントに相談をすることは、情報漏えいの危険が高まるため望ましくない。コンサルタントの過去の実績、専門性、費用等の観点から１社（者）を選び専任契約を締結することが一般的である。

正解　4）

3－29　M&Aに関する実務／秘密保持契約の締結

《問》M&Aにおける秘密保持契約の締結に関する次の記述のうち、最も不適切なものはどれか。
1）秘密保持契約はM&Aを行ううえで、情報漏えいを防ぐ1つの手段である。
2）秘密保持契約では、コンサルタントから受領した譲渡企業または譲受企業に関する情報をもとに、相手方と直接交渉することを禁止することを定めることができる。
3）秘密保持契約は、譲渡企業と譲受企業との間でのみ締結するのが一般的である。
4）相手方から開示された時点ですでに自ら保有していた情報は、秘密情報から除外される。

・解説と解答・

1）適切である。M&Aにおいて情報漏えいは最も避けなければならない事態の1つであり、秘密保持契約はM&Aにおいて重要な留意事項である。
2）適切である。
3）不適切である。秘密保持契約は、譲渡企業と譲受企業、譲渡企業とコンサルタント、譲受企業とコンサルタントと当事者それぞれが締結するのが一般的である。
4）適切である。秘密情報から除外する情報としては、①相手方から開示された時点で、すでに公知であった情報、②相手方から開示された後、自己の責に帰さない事由により公知となった情報、③開示された時点ですでに自ら保有していた情報、④正当な権限を有する第三者から秘密保持義務を負うことなく開示された情報、⑤法令による開示が義務付けられた情報等がある。

正解　3）

3−30　M＆Aに関する実務／基本合意契約の締結

> 《問》M＆Aにおける基本合意契約に関する次の記述のうち、最も不適切なものはどれか。
> 1）基本合意契約の締結当事者は、株式譲渡の場合、譲渡企業の代表取締役（売手）と譲受企業（買手）である。
> 2）買収監査（デューデリジェンス）とは、買手が行う企業調査のことであり、その費用は買手が負担すると定めるのが一般的である。
> 3）基本合意契約を締結すると、通常は買手側に2〜6カ月程度の独占交渉期間が付与される。
> 4）基本合意契約では、独占交渉権、秘密保持、費用負担および合意管轄の規定のみ法的拘束力を持たせるが、取引条件、最終契約締結等については法的拘束力がないのが通常である。

・解説と解答・

1）不適切である。基本合意契約の締結当事者は、株式譲渡の場合、譲渡企業の株主と譲受企業である。売手においては、株主全員を契約当事者とすることが望ましく、少なくとも譲渡企業の総株主の議決権の過半数以上を有する株主を契約当事者にすべきである。

2）適切である。買収監査によって、これまで明かされていなかった問題が判明し、M＆Aの実行自体が中止となることもある。その場合にも、買収監査の費用は買手の負担となる。そのため、費用負担については、基本合意契約時に明確に定めておくことが望ましい。

3）適切である。売手と買手がお互いに真摯にM＆Aを協議するための期間を独占交渉期間という。2〜6カ月程度の期間が通常であり、一般的に6カ月を超えると、双方の事情も変わり、売手を過度に拘束することになるためふさわしくない。

4）適切である。取引条件等は、買収監査の結果やその後の事情により変わる可能性があるため、基本合意契約の段階では法的拘束力を持たせないのが一般的である。なお、秘密保持の期間は、1〜5年とするのが一般的である。

正解　1）

3-31　M&Aに関する実務／表明保証の効果

《問》M&Aにおける表明保証の効果に関する次の記述のうち、最も不適
　切なものはどれか。
1）表明保証とは、契約当事者が、一時点において一定項目が真実であ
　ると表明し、内容を保証するものである。
2）株式譲渡実行後において、表明保証した内容が真実でなかったこと
　に起因して相手方に損害が発生したとしても、損害賠償責任を負う
　ことはない。
3）表明保証は、簿外債務等、買収監査でみつけられなかったものに対
　しても適用させることができる。
4）表明保証は、債権・債務等金銭的なもの以外にも労務や法務といっ
　た分野でも適用させることができる。

・解説と解答・

1）適切である。
2）不適切である。株式譲渡実行後において、表明保証した内容が真実でな
　かったことに起因して相手方に損害が発生した場合は、損害賠償責任を追
　及される可能性がある。
3）適切である。買収監査でみつけられなかったものに対して保証を行う旨の
　表明保証を行うことができる。
4）適切である。表明保証は基本的に譲渡企業と譲受企業の間で行われた協議
　に基づいてその範囲を決定する。

<u>正解　2）</u>

3-32 M&Aに関する実務／買収監査の実施

《問》M&Aにおける買収監査（デューデリジェンス）に関する次の記述
のうち、最も適切なものはどれか。
1）買収監査とは、売手企業が自己の責任で専門家を使い、買手企業の
リスクについてチェックを行うことである。
2）買収監査は、財務・税務に関するリスクに限定して調査を行う。
3）買収監査において、コンサルタントは「売手企業の社長に対し買収
監査の必要性をよく説明すること」「買収監査に必要な資料が揃っ
ているか、コンサルタントの視点から確認すること」に留意しなけ
ればならない。
4）買収監査とは、売手企業が実施するものであるので、売手側のコン
サルタントが監査人として買収監査を実施することもできる。

・解説と解答・

1）不適切である。買収監査は、買手企業が責任を持って売手企業を調査し、
買手企業の自己責任と判断によって買収を決定するために行う。ここで、
基本合意契約締結以前には把握していなかった瑕疵や減額事項があれば、
これまで合意していた譲渡金額に修正が加わる可能性がある。
2）不適切である。以前の中小企業M&Aにおいては、財務・税務に関するリ
スクに限定した調査が多かったが、近年では法務リスクや労務リスク等が
問題になることも多く、監査人のメンバーに弁護士やその他の専門家が加
わることが多くなっている。
3）適切である。
4）不適切である。買収監査は、買手企業が買収を実行すべきかどうかの最終
判断を下すために実施するものであるため、売手側のコンサルタントが監
査人として買収監査を実施することはない。

正解　3）

3−33　M&Aに関する実務／最終契約の締結

《問》M&Aにおける最終契約に関する次の記述のうち、最も不適切なものはどれか。
1）最終契約書となる株式譲渡契約書は、課税文書となるため収入印紙の貼付が必要である。
2）一般に、契約締結日と株式譲渡日において、契約当事者が、ある事実が真実かつ正確であることを表明し保証することを表明保証という。
3）万が一契約解除をしたときの原状回復が困難であるため、最終契約となる株式譲渡契約においては、原則として、取引終了後に契約内容を変更する規定は定めないことが一般的である。
4）株式譲渡後に、売手が競業事業を行うことを禁止する定めを「競業避止義務」といい、売手が個人の場合に長期間かつ広範囲の競業避止義務を定めることは無効とされる。

・解説と解答・

1）不適切である。株式譲渡契約書には、収入印紙の貼付は不要である。ただし、株式譲渡契約書中に付随契約として、株式譲渡契約と同一の当事者間で不動産売買や債権譲渡について定める場合は、定め方によっては課税文書となることがある。
2）適切である。株式譲渡実行後において、表明保証した事項が真実でなかったことに起因して相手方に損害が発生した場合は、損害賠償に応じなければならない。
3）適切である。
4）適切である。売手が個人の場合は、長期間かつ広範囲の競業避止義務を課すことは憲法に定める職業選択の自由を制約することになるため、無効とされている。したがって、競業避止義務を定めるにあたっては、企業の利益（企業秘密の保護）と個人の不利益（転職、再就職の不自由）等を考慮し、合理的な範囲で定める必要がある。

正解　1）

第4章

コンサルティングの実務

4－1　株式の移転対策／贈与による方法

《問》下記の〈条件〉を前提とした、贈与による株式の移転に関する次の
　　　記述のうち、最も不適切なものはどれか。なお、下記の〈条件〉以
　　　外および各種特例等は考慮しないものとする。

〈条件〉
・現経営者（Ｘ社の代表取締役）Ａは73歳であり、Ｘ社の株式の70％を
　保有している
・後継者（Ｘ社の専務取締役）ＢはＡの子で48歳であり、Ｘ社の株式の
　20％を保有している
・Ｂの子であるＣは22歳であり、Ｘ社に入社予定であるが、Ｘ社の株式
　は保有していない
・ＡとともにＸ社を支えてきたＤは65歳であり、Ａ一族との親族関係は
　ないが、Ｘ社の株式の10％を保有している

1）Ｂが、ＡからＸ社株式の贈与を受ける場合、その価額は原則的評価
　　方式で評価し、暦年課税と相続時精算課税のいずれかを選択するこ
　　とができる。
2）Ｃが、ＡからＸ社株式の贈与を受ける場合、その価額は原則的評価
　　方式で評価し、暦年課税と相続時精算課税のいずれかを選択するこ
　　とができる。
3）Ｃが、ＢからＸ社株式の贈与を受ける場合、その価額は原則的評価
　　方式で評価し、相続時精算課税は適用できないため、暦年課税が適
　　用される。
4）Ｂが、ＤからＸ社株式の贈与を受ける場合、その価額は配当還元方
　　式で評価し、相続時精算課税は適用できないため、暦年課税が適用
　　される。

・解説と解答・

1）適切である。Ｂは同族株主であり、かつ、すでに5％超の株式を保有して
　　いるため、原則的評価方式で評価し、暦年課税と相続時精算課税のいずれ
　　かを選択することができる。
2）適切である。Ｃは中心的な同族株主に該当するため、原則的評価方式で評

　　価し、暦年課税と相続時精算課税のいずれかを選択することができる。
3）適切である。Cは中心的な同族株主に該当するため、原則的評価方式で評
　　価する。また、相続時精算課税を適用するには、贈与をした年の1月1日
　　時点で、贈与者が60歳以上の父母または祖父母でなければならない。
4）不適切である。肢1）の解説のとおり、原則的評価方式で評価することと
　　なる。なお、Dは、親族ではないため相続時精算課税は適用できない。

<u>正解　4）</u>

4-2 株式の移転対策／譲渡による方法

《問》下記の〈条件〉を前提とした、譲渡による株式の移転に関する次の記述のうち、最も不適切なものはどれか。なお、下記の〈条件〉以外および各種特例は考慮しないものとする。

〈条件〉

・現経営者（X社の代表取締役）Aは62歳であり、X社の株式の50％を保有している

・後継者（X社の専務取締役）BはAの子で32歳であり、X社の株式の20％を保有している

・AとともにX社を支えてきたCは60歳であり、A一族との親族関係はないが、X社の株式の30％を保有している

・新たに持株会社とすることを目的とし、Bが100％を出資してY社を設立した

1) Aが保有するX社株式のすべてを、発行会社であるX社に譲渡した場合は、みなし配当課税および譲渡益課税の対象となる場合がある。

2) Aが保有するX社株式のすべてを、Bが出資したY社に譲渡した場合は、みなし配当課税として総合課税の対象となる。

3) Aが保有するX社株式のすべてを、原則的評価方式により算出した価額よりもいちじるしく低い金額でBに対して譲渡した場合は、原則的評価額と実際の買取金額の差額が、贈与税の課税対象となる。

4) Cが保有するX社株式のすべてを、原則的評価方式により算出した価額よりもいちじるしく低い金額でBに対して譲渡した場合は、原則的評価額と実際の買取金額の差額が、贈与税の課税対象となる。

・解説と解答・

1) 適切である。譲渡価額と譲渡した株式に対する資本金等の額（資本金および資本準備金）との差額が、配当所得（みなし配当）として総合課税となり、譲渡した株式に対応する資本金等の額と取得価額との差額が、譲渡所得として分離課税となる。

2) 不適切である。株式発行会社への譲渡ではないため、譲渡所得として申告

分離課税となる。

3）適切である。同族株主であるBはすでに5％超の株式を保有しているため、原則的評価方式により算出した価額により譲渡をするのが一般的である。当該価額よりもいちじるしく低い金額で譲渡した場合は、低額譲渡に該当し、贈与税の課税対象となる可能性があるため注意が必要である（相続税法7条）。

4）適切である。肢3）の解説参照。

正解　2）

4−3　株式の移転対策／後継者への自社株の集中

《問》後継者への自社株の集中に関する次の記述のうち、最も適切なもの
はどれか。
1）現経営者が有する財産に占める自社株の割合が高い場合、後継者に
自社株のすべてを移転するのではなく、経営には関与していないほ
かの相続人にも遺留分を侵害しないように自社株を移転することが
望ましい。
2）株主総会の決議要件を満たすため、後継者には最低でも発行済株式
総数の過半数、できれば3分の2以上の株式を承継することが望ま
しい。
3）相続時に自社株が分散することを防ぐために売渡請求制度を利用す
れば、会社の財務内容にかかわらず、相続人等に分散しているすべ
ての自社株を買い取ることができる。
4）相対的に経営者への株式の集中度合いを高めるために、分散してい
る自社株を当該会社が買い取る場合は、会社の財務内容にかかわら
ず、すべての自社株を買い取ることができる。

・解説と解答・

1）不適切である。一般的に、経営に関与しない相続人に自社株を移転する
と、後々の経営権の確保や集約が困難となることがある。
2）適切である。株主総会の普通決議は、議決権の過半数を有する株主が出席
し、出席した株主の議決権の過半数の賛成で成立する決議であり、株主総
会の特別決議は、議決権の過半数を有する株主が出席し、出席した株主の
議決権の3分の2以上の賛成で成立する決議である（会社法309条1項、
2項）。会社の基本的な事項を決定する株主総会における決議要件を満た
すため、後継者にはできる限り自社株を集中させることが望ましい。
3）不適切である。自社株の取得は、株主に金銭等を交付して行うため、会社
法上、剰余金の分配とされている。自社株を取得する際に交付する金銭等
の総額は、自社株の取得の効力発生日における分配可能額を超えることは
できない（会社法461条1項2号、3号）。なお、分配可能額とは、会社法
446条および461条2項の規定により算出される金額であるが、中小企業に
おいては、おおむね決算日における「剰余金（その他資本剰余金＋その他

　利益剰余金)」に分配時点までの損益を加減したものとされている。

4）不適切である。肢3）の解説参照。

正解　2）

4－4　株価対策／株価対策の手法

《問》株価対策の手法に関する次の記述のうち、最も不適切なものはどれか。

1）株価対策とは、自社株の評価を引き下げることにより、相続あるいは贈与による後継者への引継ぎコストを抑えることをいう。

2）類似業種比準方式による自社株の評価額は、類似業種の株価、配当金額、利益金額、簿価純資産価額によって算出される。したがって、各要素を軽減することで類似業種比準価額の軽減となり、類似業種比準方式を採用する会社の株価対策として有効である。

3）自社株の評価において、一般に、類似業種比準方式のほうが純資産価額方式よりも高い評価額となるため、会社規模を小さくして類似業種比準方式の採用割合を抑えることは、株価対策として有効である。

4）不動産など、時価と相続税評価額に乖離がある資産を取得することは、純資産価額の軽減となり、純資産価額方式を採用する会社の株価対策として有効である。

・解説と解答・

事業承継対策としての自社株の評価の軽減策は、保有株数を減らす方法（株数対策）と1株当たりの評価額を軽減する方法（株価対策）に分けられる。このうち、株価対策としては以下の方法が挙げられる。

①会社規模の調整

②類似業種比準価額の軽減

　・類似業種の株価の軽減

　・1株当たり配当金額の軽減

　・1株当たり利益金額の軽減

　・1株当たり純資産価額の軽減

③純資産価額の軽減

　・時価と相続税評価額に乖離のある資産の取得

　・損失の計上

1）適切である。

2）適切である。

3）不適切である。自社株の評価においては、一般に　類似業種比準方式のほうが純資産価額方式よりも低い評価額となるため、会社規模を大きくして類似業種比準方式の採用割合を高めることは、株価対策として有効である。会社規模の判定を大きくする方法には、従業員の増加、総資産価額（帳簿価額）の増加、取引金額の増加等がある。

4）適切である。ただし、純資産価額方式により自社株を評価する場合、課税時期前3年以内に取得した不動産の価額については、課税時期における通常の取引価額が採用されるため注意が必要である（財産評価基本通達185）。

<u>正解　3）</u>

4－5 株価対策／会社規模の判定

《問》取引相場のない株式を評価する際に用いる会社規模の判定に関する
次の記述のうち、最も不適切なものはどれか。なお、選択肢に記載
のない条件は考慮しないものとする。
1）従業員数が70人以上の会社は、無条件に大会社となる。
2）従業員数が70人未満の会社は、「取引高基準」または「従業員数を
加味した総資産基準」で判定した、いずれか小さいほうの規模区分
とする。
3）会社規模を判定する場合、判定の基準となる取引金額や総資産価額
は、当該判定会社の業種区分により異なる。
4）会社規模は、大会社・中会社・小会社の3つに区分され、さらに中
会社は、中会社の大・中会社の中・中会社の小に区分される。

●解説と解答●

　従業員数70人未満の会社は、①および②により会社規模区分を判定する。①
②により判定した、いずれか大きい方の規模区分とする（財産評価基本通達
178）。

① 取引高基準

取引金額			会社規模区分
卸売業	小売業・サービス業	それ以外	
30億円以上	20億円以上	15億円以上	大会社
30億円未満 7億円以上	20億円未満 5億円以上	15億円未満 4億円以上	中会社の大
7億円未満 3.5億円以上	5億円未満 2.5億円以上	4億円未満 2億円以上	中会社の中
3.5億円未満 2億円以上	2.5億円未満 6,000万円以上	2億円未満 8,000万円以上	中会社の小
2億円未満	6,000万円未満	8,000万円未満	小会社

②　従業員数を加味した総資産基準

| 総資産価額（帳簿価額） | | | 従業員数 | | | |
卸売業	小売業・サービス業	それ以外	69人以下 35人超	35人以下 20人超	20人以下 5人超	5人以下
20億円以上	15億円以上	15億円以上	大会社			
20億円未満 4億円以上	15億円未満 5億円以上	15億円未満 5億円以上	中会社の 大			
4億円未満 2億円以上	5億円未満 2.5億円以上	5億円未満 2.5億円以上		中会社の 中		
2億円未満 7,000万円以上	2.5億円未満 4,000万円以上	2.5億円未満 5,000万円以上			中会社の 小	
7,000万円未満	4,000万円未満	5,000万円未満				小会社

1）適切である。
2）不適切である。従業員数が70人未満の会社は、「取引高基準」または「従業員数を加味した総資産基準」で判定した、いずれか大きいほうの規模区分とする。
3）適切である。
4）適切である。

正解　2）

4－6　株価対策／類似業種比準価額の軽減

《問》取引相場のない株式の評価における類似業種比準価額の軽減に関する次の記述のうち、最も適切なものはどれか。
1）過去に発生した繰越欠損金を繰り戻すことにより課税所得がゼロとなる場合は、利益をゼロとして計算するため、類似業種比準価額の軽減となる。
2）将来的な役員退職金を退職給付引当金とした場合は、類似業種比準価額の軽減となる。
3）直前期において多額の損失を計上した場合は、一般に、類似業種比準価額の軽減となる。
4）直前期において多額の保険金の受取り等、非経常的な利益が発生した場合は、類似業種比準価額の軽減となる。

・解説と解答・

　類似業種比準方式による自社株の評価は、類似業種の株価、配当金額、利益金額、純資産価額によって算出される。したがって、次のような方法で各要素を軽減することにより類似業種比準価額が軽減される。
　①類似業種の株価の軽減
　　・類似業種株価の低い業種への転換
　　・株式相場の下落の利用
　②1株当たり配当金額の軽減
　　・2年間無配当または低率配当
　　・記念配当や特別配当の利用
　③1株当たり利益金額の軽減
　　・損金計上
　　・会社分割（高収益部門の分離）
　④1株当たり純資産価額の軽減
　　・社外流出
　⑤斟酌率の軽減

1）不適切である。繰越欠損金による繰戻しはなかったものとして計算する（財産評価基本通達183）。
2）不適切である。退職給付引当金は損金計上できないため、類似業種比準価額には影響しない。
3）適切である。
4）不適切である。非経常的な利益は考慮外となる（財産評価基本通達183）。

正解　3）

4－7　株価対策／純資産価額の軽減

《問》取引相場のない株式の評価における純資産価額の軽減に関する次の
記述のうち、最も不適切なものはどれか。
1）純資産価額とは、過去からの内部留保の蓄積であり、一般に、引き
下げることが難しいとされる。
2）一般に、純資産価額を軽減することは会社の自己資本を棄損するこ
とにもなるため、株価の引下げだけを目的とした圧縮策は望ましく
ない。
3）時価と相続税評価額が乖離した土地を購入した場合、購入直後から
相続税評価額で評価することとなるため純資産価額が軽減される。
4）含み益のある土地を子会社へ移すことで、純資産価額の軽減が期待
できる。

・解説と解答・

　純資産価額方式による自社株の評価は、純資産額（相続税評価額）から含み
益の法人税等相当額を差し引いて算出されるので、次のような方法で純資産額
（相続税評価額）を減らせば純資産価額を軽減することができる。
　①時価と相続税評価額に差がある資産の取得
　②損失の計上
　　・役員への生前退職金の支給
　　・高額な減価償却資産の取得や多額の消耗品の購入
　　・役員に対する賞与や配当の支払
1）適切である。
2）適切である。
3）不適切である。課税時期前３年以内に取得した不動産の価額は、課税時期
における通常の取引価額が採用される（財産評価基本通達185）。
4）適切である。含み益のある土地を分離して、子会社を通じて間接的に所有
することで、本体の会社の純資産を減らすことができる。

<u>正解　3）</u>

4－8 株価対策／配当還元価額の軽減

《問》取引相場のない株式の評価における配当還元価額の軽減に関する次
の記述のうち、最も適切なものはどれか。
1）直前期において多額の損失を計上した場合は、配当還元価額が低く
なることがある。
2）創業以来、配当金を支給していない場合は、配当還元価額はゼロと
なる。
3）直前期において含み損のある資産を処分することにより純資産が毀
損した場合は、配当還元価額が低くなることがある。
4）毎期継続して資本金等の額50円当たり2円50銭を超える配当金を支
給していた会社が、配当金を支給しなかった場合は、その期の配当
還元価額は軽減される。

・解説と解答・

1）不適切である。利益の多寡は配当還元価額には影響しない。
2）不適切である。配当金を支給していない場合は、1株当たりの資本金等の
額を50円とした場合の「株式の年配当金額」を2円50銭として計算するた
め、ゼロにはならない（財産評価基本通達188－2）。
3）不適切である。純資産の額は配当還元価額には影響しない。
4）適切である。

正解　4）

4－9　納税資金対策／役員退職金等の活用

《問》役員退職金等に関する次の記述のうち、最も不適切なものはどれ
か。
1 ）役員退職金を受け取った者は、その退職所得の計算において、勤続
年数に応じた退職所得控除の適用を受けることができる。
2 ）分掌変更により代表取締役が代表権を持たない常勤取締役となった
場合に支給する退職金は、その支給した事業年度に役員退職金を支
給した法人において損金計上することができる。
3 ）被相続人の死亡後 3 年以内に支給が確定した死亡退職金を遺族が受
け取った場合は、相続税の課税対象となり、所得税は課されない。
4 ）被相続人の死亡後 3 年以内に支給が確定した死亡退職金を遺族が受
け取った場合は、相続税額の計算上、「500万円×法定相続人の数」
が非課税となり、残額が相続税の課税価格に加算される。

・解説と解答・

1 ）適切である（タックスアンサー№1420）。
2 ）不適切である。分掌変更によって役員としての地位や職務の内容が激変し
て、実質的に退職した場合と同様の状態にある場合に退職金として支給し
たものは退職金として取り扱うことができ、その退職金の額が確定した事
業年度において損金計上する。例えば、常勤役員から非常勤役員になった
とき、取締役から監査役になったとき、分掌変更後の役員報酬が50％以上
減少したとき等は、実質的に退職したと同様の状態にあると認められ、支
給された退職金は、損金計上することができる。本肢の場合は、常勤役員
のままであるため、税務上、退職金として取り扱うことができない可能性
が高い（タックスアンサー№5203）。
3 ）適切である（タックスアンサー№4117）。
4 ）適切である（タックスアンサー№4117）。

正解　2 ）

4－10　納税資金対策／自社株の現金化

《問》自社株の現金化に関する次の記述のうち、最も不適切なものはどれ
か。
1) 自社株を第三者に譲渡する際に支払ったアドバイザリー手数料は、
譲渡費用として譲渡収入から控除することができる。
2) 譲渡する株式の取得費が不明な場合は、譲渡所得の計算において、
取得費は発生していないものとして計算する。
3) 後継者である子が持株会社を設立し、現経営者の保有する自社株を
当該持株会社に譲渡する場合は、通常、現経営者が得た譲渡所得金
額に対して20.315％の所得税等が課される。
4) 相続または遺贈により非上場株式を取得した個人で、その相続また
は遺贈について納付すべき相続税額がある者が、その相続の開始が
あった日の翌日から相続税申告書の提出期限の翌日以後3年以内
に、当該非上場株式を発行会社に譲渡した場合は、みなし配当課税
を行わずに譲渡所得課税を適用することができる。

・解説と解答・

1) 適切である。
2) 不適切である。概算取得費（譲渡価額の5％）により計算することができ
る（タックスアンサー№1464）。
3) 適切である。持株会社への譲渡は、株式発行会社への譲渡ではないため、
通常の譲渡所得として申告分離課税となる（タックスアンサー№1463）。
4) 適切である。相続または遺贈により非上場株式を取得した個人で、その相
続または遺贈について納付すべき相続税額のある者は、当該非上場株式を
発行会社に譲渡する日までに、「相続財産に係る非上場株式をその発行会
社に譲渡した場合のみなし配当課税の特例に関する届出書」を当該発行会
社へ提出することで、当該非上場株式の譲渡対価がその譲渡した株式に係
る資本金等の金額を超えるときでも、その超える部分の金額について、み
なし配当課税を行わずに譲渡所得課税を適用することができる（タックス
アンサー№1477）。

正解　2)

4－11　納税資金対策／物納

《問》相続税の物納に関する次の記述のうち、最も適切なものはどれか。
1）相続により取得した財産であれば、いかなる財産でも物納に充てることができる。
2）金銭で納付することが可能な場合でも、不動産や有価証券を相続で取得した場合は、当該相続財産を物納に充てることができる。
3）上場株式を物納する場合、物納する時点の時価評価相当額が収納する際の価額となる。
4）生前贈与により取得し相続時精算課税の適用を受けている財産は、物納の対象とすることはできない。

・解説と解答・

　相続税は現金で全額を一時に納付するのが原則だが、相続財産の大半が土地、家屋等の不動産であるため、納税資金が準備できず、申告期限までに相続税額の全額を一時に納付することができないような場合は、一定の要件を満たせば、納期限を延長して分割納付する延納（最長20年間）が認められている。延納によっても金銭で納付することができないような場合は、一定の要件を満たせば、金銭に代えて相続財産自体をもって納付（物納）することができる。

　物納が認められる財産は、相続または遺贈により取得した財産（その財産を処分して取得した財産を含む）で、国内にあるもののうち、次に掲げる財産である。

　第1順位……国債、地方債、不動産、船舶、上場株式等
　第2順位……上場株式等以外の株式等
　第3順位……動産

　ただし、上記に掲げた財産でも、次のような財産は物納に充てることはできない（管理処分不適格財産）。

・質権、抵当権その他の担保権の目的になっている財産
・所有権の帰属等について係争中の財産
・共有財産（ただし、共有者全員が持分の全部を物納する場合を除く）
・譲渡に関して法令に特別な定めのある財産（譲渡制限株式等）
・上記のほか、境界線について争いのある土地や、借地・借家契約の円満な継続が困難な不動産等

※物納財産の第 1 順位である「上場株式等」とは、上場されている、短期社
　債を除く社債、株券、証券投資信託の受益証券等をいう。また、上場され
　ていない、投資法人の投資証券、証券投資信託の受益証券も含む。

1）不適切である。物納ができるのは、不動産、有価証券等一定の要件を満た
　すものである（タックスアンサーNo.4214）。

2）不適切である。国税は金銭で一時に納付することが原則だが、相続税に
　限っては、延納によっても金銭で納付することを困難とする事由がある場
　合、納税者の申請により、その納付を「困難とする金額を限度として」一
　定の相続財産による物納が認められている（タックスアンサーNo.4214）。

3）不適切である。上場株式を物納する場合は、相続税の課税価額の計算の基
　礎となった価額による。なお、上場株式の相続税評価額は、銘柄別 1 株ご
　とに、次の①〜④のうち最も低い価額で評価する。ただし、負担付贈与等
　により取得した上場株式の評価額は、当該株式が上場されている金融商品
　取引所の公表する課税時期の最終価格（終値）により評価する。

　　　①課税時期（相続開始の日）の終値
　　　②課税時期の属する月
　　　③課税時期の属する月の前月　　の毎日の終値の平均額
　　　④課税時期の属する月の前々月

　※課税時期において終値がない場合、原則として課税時期の前後で最も低
　　いものとする。なお、2 以上の金融商品取引所に上場されている場合
　　は、納税者が選択した金融商品取引所の価額とする（タックスアンサー
　　No.4632）。

4）適切である。財産の生前贈与を受けて相続時精算課税または非上場株式の
　納税猶予を適用している場合には、それらの適用対象となっている財産
　は、贈与者の死亡によりその贈与者から受贈者が相続により取得したとみ
　なされることとなっているが、それらの財産は物納の対象とすることはで
　きない（タックスアンサーNo.4214）。

正解　4）

4 −12　事業承継の円滑化に資する手法／信託の活用

《問》事業承継における信託の活用に関する次の記述のうち、最も不適切なものはどれか。

1) 財産の所有者（委託者）が信頼できる相手（受託者）に財産を委ね、信託目的に従って自身や第三者（受益者）のために財産の管理や運用を任せ、財産に係る利益を受益者に取得させることが、信託の基本的な仕組みである。

2) 信託スキームにおいて、信託財産の所有権（名義）は委託者に留保される。

3) 信託スキームは、民事信託と商事信託に大別され、民事信託の場合は受託者について制限はないが、商事信託の場合は信託業法による厳格な規制を受ける信託会社が受託者になる必要がある。

4) 信託スキームの特徴の1つに、信託を設定することで、所有する財産を受益権という債権に転換して法定相続人に分割・相続させるという転換機能がある。

・解説と解答・

1) 適切である。

2) 不適切である。信託財産の所有権は受託者に移転する。

3) 適切である（信託業法2条2項、3条）。

4) 適切である。

正解　2)

4－13　事業承継の円滑化に資する手法／生命保険の活用（後継者）

《問》事業承継における生命保険の活用に関する次の記述のうち、最も不
　　適切なものはどれか。
〈生命保険に関する資料〉
保険の種類：終身保険
契約者（＝保険料負担者）および被保険者：現経営者（被相続人）
死亡保険金受取人：後継者（相続人）

　1）後継者が受け取った死亡保険金は、代償分割をする場合の代償金の
　　支払に充てることができる。
　2）後継者が受け取った死亡保険金は、死亡保険金の非課税限度額の控
　　除後、相続税の課税価格の合計額に算入する必要はない。
　3）後継者が受け取った死亡保険金は、原則として、遺留分算定基礎財
　　産には含まれない。
　4）後継者が受け取った死亡保険金は、原則として、特別受益には該当
　　しない。

・解説と解答・

　1）適切である。契約者（＝保険料負担者）および被保険者を現経営者（被相
　　続人）、死亡保険金受取人を後継者（相続人）とした生命保険に加入する
　　ことで、後継者が将来負担する可能性のある遺産分割時の代償金や遺留分
　　侵害額請求に対する支払の原資とすることができる。
　2）不適切である。死亡保険金は、みなし相続財産として相続財産に加味され
　　るため、死亡保険金の非課税限度額を控除後に残額がある場合は、その残
　　額を相続税の計算における課税価格に算入しなければならない。
　3）適切である。
　4）適切である。判例では、死亡保険金は、民法903条1項に規定する特別受
　　益財産には当たらないと解するのが相当としている。ただし、死亡保険金
　　受取人である相続人とその他の相続人との間に生ずる不公平が著しいもの
　　である場合は、当該死亡保険金が持戻しの対象となる場合があるため注意
　　が必要である。

正解　2）

4－14　事業承継の円滑化に資する手法／生命保険の活用（現経営者）

《問》事業承継における生命保険の活用に関する次の記述のうち、最も不適切なものはどれか。

〈生命保険に関する資料〉

保険の種類：一時払変額個人年金保険（確定年金）

契約者（＝保険料負担者）、被保険者および年金受取人：現経営者

死亡保険金受取人：後継者

1）変額個人年金保険は、将来受け取る年金額が払込保険料を下回るリスクがあるため、現経営者の引退後の生活資金のために当該保険を活用する場合には慎重に検討すべきである。

2）現経営者が、年金支払開始時に年金原資を一時金で受け取った場合は、一時所得として総合課税の対象となる。

3）現経営者が、年金支払開始時に年金原資を確定年金で受け取った場合は、雑所得として総合課税の対象となる。

4）一時払変額個人年金保険（確定年金）を保険期間の初日から7年目に解約し、解約差益が生じた場合は、その解約差益は源泉分離課税の対象となる。

● 解説と解答 ●

1）適切である。

2）適切である。

3）適切である。

4）不適切である。年金種類が確定年金の一時払個人年金保険で、保険期間の初日から5年以内に解約されたものに基づく差益は、金融類似商品として、源泉分離課税の対象となる（タックスアンサーNo.1520）。本肢の場合、解約差益は一時所得として総合課税の対象となる。

正解　4）

4－15　事業承継の円滑化に資する手法／生命保険の活用（法人）

《問》事業承継における生命保険の活用に関する次の記述のうち、最も不
　　　適切なものはどれか。
〈生命保険に関する資料〉
保険の種類：低解約返戻金型終身保険（特約付加なし）
契約者（＝保険料負担者）および死亡保険金受取人：Ａ社
被保険者：Ａ社の現経営者

　1）当該生命保険の支払保険料は、保険料積立金としてその全額を資産
　　　計上する。
　2）現経営者が死亡したときにＡ社に支払われる死亡保険金は、現経営
　　　者の死亡退職金の支払や事業資金等として活用することができる。
　3）現経営者が死亡したときにＡ社に支払われる死亡保険金は、その全
　　　額を雑収入（または雑損失）として経理処理する。
　4）現経営者の退職時に、契約者を現経営者、死亡保険金受取人を現経
　　　営者の相続人に名義変更することで、当該保険契約を役員退職金と
　　　して支給することができる。

・解説と解答・

1）適切である。保険料負担者が法人で、死亡保険金受取人も法人である終身
　　保険の主契約の支払保険料は、貯蓄と同様の効果があるため、保険料積立
　　金としてその全額を資産に計上する。
2）適切である。
3）不適切である。現経営者が死亡した時点までに資産計上していた保険料積
　　立金と死亡保険金との差額を、原則として、雑収入（雑損失）として経理
　　処理する。
4）適切である。契約者を現経営者、死亡保険金受取人を現経営者の相続人に
　　名義変更することで、Ａ社は、当該保険契約を現経営者の役員退職金とし
　　て支給することができる。また、現経営者は、当該保険契約を個人の保険
　　として継続することで、自身が亡くなったときの納税資金の確保や死亡保
　　険金の非課税枠の活用等、相続対策をすることができる。

<u>正解　3）</u>

4－16　事業承継の円滑化に資する手法／持株会社の活用

《問》事業承継における持株会社スキームの活用に関する次の記述のうち、最も不適切なものはどれか。
1）純粋持株会社とは、ほかの会社の株式を大量に所有することで、その会社の事業活動を支配することを目的とする持株会社をいう。
2）事業持株会社とは、ほかの会社の株式を保有してその会社を支配しながら、自らも製造や販売等の事業を営む持株会社をいう。
3）持株会社スキームを活用することで、後継者が設立する持株会社が現経営者から株式を買い取ることになるため、相続時の遺留分問題を回避することができ、後継者へ確実に経営権を承継することができる。
4）持株会社スキームは、事業会社から持株会社への配当を金融機関への返済原資に充てることを前提としているため、返済が滞る心配はない。

・解説と解答・

　持株会社スキームは、後継者が持株会社を設立し、事業会社からの配当による返済を前提として金融機関から融資を受け、この資金によって現経営者から株式を買い取る手法である。この持株会社スキームを活用することで、持株会社が事業会社の株主となり、現経営者の相続発生時に株式が分散するのを防止することに一定の効果がある。なお、株式の譲渡対価として現経営者が取得する現金は、譲渡所得として申告分離課税の対象となる。さらに、譲渡所得税等を差し引いた残りの現金については、後継者等への相続時に相続税の課税対象となるため、二重で課税を受ける可能性があることに注意が必要である。
1）適切である。
2）適切である。
3）適切である。
4）不適切である。持株会社スキームは、事業会社から持株会社への配当を金融機関への返済原資に充てることを前提としているが、事業会社の業績悪化により配当が減額した場合は、返済が滞る点に留意すべきである。

正解　4）

4-17 事業承継の円滑化に資する手法／従業員持株会の活用

《問》事業承継における従業員持株会の活用に関する次の記述のうち、最も不適切なものはどれか。

1) 従業員持株会は、人格のない社団として設立されることが多い。
2) 経営者が所有している株式を従業員持株会に譲渡する場合は、一般に、配当還元方式で評価した価額により譲渡しなければならない。
3) 従業員持株会の株式保有割合が一定以上になると、帳簿閲覧請求権の行使が可能となる。
4) 従業員持株会によって従業員に株式を保有させることで、自社の株式を長期安定保有し、経営者と同じ方向の意思決定をしてくれる安定株主をつくるといった効果が期待できる。

・解説と解答・

1) 不適切である。従業員持株会を人格のない社団として設立すると、株式を持株会自体が所有することになり、従業員各人への配当金が雑所得扱いとなり、配当控除の適用がなくなってしまう。そのため、民法上の組合（民法667条）として設立することが多い。
2) 適切である。
3) 適切である。総株主の議決権の100分の3以上の議決権を有する株主または発行済株式（自己株式を除く）の100分の3以上の数の株式を有する株主は、会計帳簿等の閲覧謄写を請求することができる（会社法433条1項）。
4) 適切である。

正解 1)

4－18　医療機関の事業承継・M＆A

《問》医療法人に係る事業承継・M＆Aに関する次の記述のうち、最も不適切なものはどれか。
1）新規設立の医療法人による診療所の新規開業は、許認可を受けることが難しいため、M＆Aにより既存の医療法人を承継することでスムーズに開業できるというメリットがある。
2）医療法人の理事長が亡くなった場合で、後継者となるべき子が医科または歯科大学に在学中等には、医師または歯科医師でない配偶者等が都道府県知事の認可を受けて理事長に就任することができる。
3）医療法人のM＆Aを行う場合、「出資持分譲渡」「事業譲渡」はできるが、「合併」を行うことはできない。
4）社団たる医療法人が合併を行う場合、「出資持分あり医療法人」同士の吸収合併を除き、合併後の法人は「出資持分なし医療法人」となる。

●解説と解答●

1）適切である。ほかにも、承継開業は新規開業と比べて、低コストで開業が可能、金融機関の融資を受けやすい、医師会入会がスムーズ、開業準備期間が短縮されるといったメリットがある。
2）適切である。理事長には医師または歯科医師を置かなければならないが、理事長が亡くなった場合で、後継者となるべき子が医科または歯科大学に在学中等には、医師または歯科医師でない配偶者等が、都道府県知事の認可を受けて理事長に就任でき、医療法人を継続することができる（医療法46条の6、同法施行規則31条の5の3）。
3）不適切である。医療法人についても、株式会社同様、合併を行うことができる（医療法57条）。
4）適切である。（医療法施行規則第35条の2第2項、同法35条の5）

正解　3）

4 −19　個人事業主の事業承継

《問》個人事業主に係る事業承継に関する次の記述のうち、最も不適切な
ものはどれか。
1 ）個人事業主の事業を親族に承継した場合、当該事業の遂行に必要な
許認可については、更新や再取得をする必要はない。
2 ）事業承継ガイドラインによると、個人事業主の事業承継は親族内承
継が約9割であり、早期に親族内の後継者を確保することと、後継
者候補が「事業を承継したい」と思えるような経営状態を確保する
ことが不可欠といえる。
3 ）「後継者人材バンク」は、有形・無形の経営資源を引き継ぐため、
ゼロから起業する場合に比べ、創業時の起業リスクを低く抑えるこ
とができる。
4 ）個人事業主が事業用資産を譲渡することは、商法における「営業譲
渡」に該当し、営業譲渡の日から20年間は、同一の市町村等の区域
内およびこれに隣接する市町村等の区域内で、譲渡した営業と同一
の営業を行うことが禁止されている。

● 解説と解答 ●

　個人事業主の場合、経営者がその名において事業を行い、取引先や顧客との
契約関係をもち、事業用資産を自ら所有していることに経営の本質があると考
えられる。したがって、真に経営の承継を実行するには、形式的に開業届・廃
業届を提出するにとどまらず、それら契約関係・所有関係の承継が不可欠であ
る。
1 ）不適切である。個人事業主の場合は、承継相手がだれであろうと、許認可
ごとに再取得の必要があるものがあるため注意が必要である。
2 ）適切である（事業承継ガイドライン第5章1．⑴）。
3 ）適切である。後継者不在の個人事業主が営む事業の第三者への承継を支援
するため、一部の事業承継・引継ぎ支援センターでは「後継者人材バン
ク」事業が行われている。
4 ）適切である（商法16条1項）。

正解　1 ）

2024年度版
金融業務3級　事業承継・Ｍ＆Ａコース試験問題集

2024年6月6日　第1刷発行

編　者　一般社団法人金融財政事情研究会
検定センター
発行者　　　　　　　　　加藤　一浩

〒160-8519　東京都新宿区南元町19
発 行 所　一般社団法人 金融財政事情研究会
販 売 受 付　TEL 03(3358)2891　FAX 03(3358)0037
URL：https://www.kinzai.jp/

本書の内容に関するお問合せは、書籍名およびご連絡先を明記のうえ、FAXで
お願いいたします。　　　　　　　お問合せ先　FAX 03(3359)3343
本書に訂正等がある場合には、下記ウェブサイトに掲載いたします。
https://www.kinzai.jp/seigo/

ISBN978-4-322-14524-3